你一定要懂的
哲学知识

王贵水◎编著

北京工业大学出版社

图书在版编目（CIP）数据

你一定要懂的哲学知识 / 王贵水编著. —北京：北京工业大学出版社，2015.2（2021.5重印）

ISBN 978-7-5639-4179-7

Ⅰ. ①你… Ⅱ. ①王… Ⅲ. ①哲学—通俗读物 Ⅳ. ①B-49

中国版本图书馆 CIP 数据核字（2014）第 303299 号

你一定要懂的哲学知识

编　　著：	王贵水
责任编辑：	王轶杰
封面设计：	泓润书装
出版发行：	北京工业大学出版社
	（北京市朝阳区平乐园 100 号　邮编：100124）
	010-67391722（传真）　bgdcbs@sina.com
出 版 人：	郝　勇
经销单位：	全国各地新华书店
承印单位：	天津海德伟业印务有限公司
开　　本：	700 毫米×1000 毫米　1/16
印　　张：	11.5
字　　数：	125 千字
版　　次：	2015 年 2 月第 1 版
印　　次：	2021 年 5 月第 2 次印刷
标准书号：	ISBN 978-7-5639-4179-7
定　　价：	28.00 元

版权所有　翻印必究

（如发现印装质量问题，请寄本社发行部调换 010-67391106）

前　言

　　生活在社会中的人们，都有其独特的生活经历。无论他是声名显赫将对世界具有极大影响的伟人，还是普通平凡的平民百姓，即便在社会上扮演的角色如何不同，他们都将走向同一个目标——步入生命的终点。而只有在这个时候，那种油然而生的对于人生的感悟，也许就叫作哲学。所以说人生就是哲学，哲学就是人生的精华。

　　泰戈尔曾经说过天空中没有翅膀的痕迹，而我已经飞过。那么，我们的人生，不也就是一段轨迹、一个过程、一首诗歌、一篇故事。对于人类历史的长河，一个人的人生不过是一滴雨，落入水中刹那间，就不会留下半点痕迹；或许就是一朵浪花，融入滔天巨浪里早已销声匿迹。虽说是微不足道，但也有其闪光点，好比划过天际的流星，即便短暂也能以其瞬间的灿烂，给人们带来永恒的美丽，震撼着每一颗心乃至整个宇宙。

　　哲学的魅力无穷，她能够直面人类的困惑，追寻人生的价值。人类的智慧由心而生，原本就应该简洁明了，只是因为每个人的心灵被蒙上了尘埃，才使得简洁明快的东西变得晦暗、复杂起来。倘若我们想通了、弄懂了、明白了这些道理，人生之旅就一定直接快捷得多。只有哲学才能给你一双慧眼，让你看清自己，洞悉世界。只有用哲学培植出的心灵，才会发现生命原来如此美丽；只有将哲学融入生活，哲学才会彰显出顽强的生命力。

哲学又是个包罗万象的体系，浩如烟海，广袤无尽，即便你睿智如海，也无法面面俱到、事无巨细完全了解哲学。哪怕是专业人士哲学大师，所掌握的知识也不过是哲学体系的冰山一角，摆在人们面前的始终是一个又一个困惑，一道又一道难题：诸如阴阳五行如何问世的？百家争鸣是怎样的一种盛况？道教是如何影响中国文化发展的？宋明理学的地位是怎样确立起来的？德国古典哲学的奠基人是谁？……这些问题并非每个人都能回答上来。因此，将哲学问题知识化并加以掌握，是深入研究这一领域的基础，也是追求真理和价值的必由之路。

学习哲学知识能帮助我们树立科学的、正确的人生观和世界观，可以大大增长我们的知识，开阔我们的眼界，能够锻炼我们的理论思维能力和逻辑思维能力，培养我们思考问题的独特视角。从这个意义上来看，我们应该停下脚步全神倾听哲学的细语，放下忧虑、烦闷，细细体味哲学的醇厚，接受哲学的洗礼吧，哪怕只有一次！

本书涉猎的中西方哲学知识极其广泛，概念流派、名家名著，是一部提升哲学理论修养、丰富读者知识储备的理想读本！

目 录

第一章 哲学讨论由来已久

什么是哲学 / 2

哲学的产生 / 2

哲学是民族精神的精华 / 4

学哲学就要爱哲学 / 5

学习哲学就是学会思考 / 6

物质和意识的关系问题 / 7

世界本原问题 / 8

人的幸福问题 / 9

哲学和理性的问题 / 10

第二章 中国哲学的基本问题

图腾崇拜 / 13

"天"与"天命" / 15

人性善恶的争论 / 17

善恶与祸福的关系 / 18

"道"与"阴阳"的关系 / 19

精神需求高于一切 / 21

"内圣"与"外王"的矛盾 / 22

哲学的几大关系 / 23

"修、齐、治、平" / 29

社会秩序的蓝图 / 31

第三章　古代阴阳五行哲学思辨

哲学精粹《周易》 / 35

阴阳交合之道 / 37

《周易》中的"时中" / 38

《周易》中的"易"字 / 39

《周易》中的"周" / 40

《周易》的三重境界 / 41

《黄帝内经》 / 42

《孙子兵法》 / 43

《三十六计》中的阴阳学说 / 45

第四章　诸子百家争鸣的繁荣局面

诸子百家 / 48

法家学派 / 49

法家思想家韩非子 / 50

"以法治国" / 51

"君道无为，臣道有为" / 52

商鞅变法 / 53

墨子、墨家学派 / 54

兼爱·非攻 / 56

墨家的"三表法" / 57

非礼·非乐·非命 / 58

名家思想学派 / 59

张仪、苏秦、纵横家 / 60

百家争鸣 / 62

第五章 中国古代儒学的繁荣局面

仁、义、礼 / 66

中庸及中庸之道 / 68

家国天下 / 71

知行合一 / 72

三纲五常 / 73

儒学先驱周公 / 74

千古圣人 / 75

"儒"字的含义 / 76

儒家八派 / 77

亚圣孟子 / 78

儒学宗师荀子 / 79

两汉经学 / 80

一代大儒扬雄 / 81

"五行"高手刘歆 / 82

谶纬神学 / 83

董仲舒复兴儒学 / 84

宋明理学 / 85

理学的集大成者 / 86

心学的集大成者 / 87

儒学几大经典 / 88

第六章 道家思想永恒的价值和生命力

无不为 / 96

道家创始人老子 / 97

《道德经》/ 98

庄子及其学派 / 99

《庄子》/ 100

黄老道家 / 102

列子 / 103

稷下道家 / 104

管仲 / 105

大道无为而无不为 / 106

治大国若烹小鲜 / 107

无为而治 / 108

庄子的"逍遥游"/ 109

第七章 古希腊罗马的哲学思想和流派

赫拉克利特与"逻各斯"/ 112

克塞诺芬尼 / 114

德谟克利特 / 115

毕达哥拉斯 / 116

高尔吉亚及无物存在 / 118

苏格拉底 / 119

柏拉图思想 / 122

亚里士多德 / 126

西塞罗 / 128

毕达哥拉斯学派 / 129

伊壁鸠鲁学派 / 130

马可·奥勒留 / 131

第八章　中世纪的经院哲学

经院哲学 / 134

共相 / 134

唯名论 / 136

实在论 / 136

教父哲学 / 137

新托马斯主义 / 138

德尔图良 / 139

奥古斯丁 / 140

安瑟尔谟 / 141

罗吉尔·培根 / 142

邓·司各脱 / 143

第九章　启蒙时期的欧洲哲学思想

启蒙运动 / 146

前定和谐 / 147

自然权利 / 148

功利主义 / 149

社会契约论 / 150

天赋观念论 / 151

哲学之父笛卡儿 / 152

英国哲学家培根 / 155

洛克的哲学思想 / 158

荷兰哲学家斯宾诺莎 / 164

启蒙运动领袖伏尔泰 / 167

孟德斯鸠与三权分立学说 / 168

卢梭的批判 / 169

霍尔巴赫 / 172

第一章
哲学讨论由来已久

在汉语中"哲"字有"聪明"和"智慧"的意思。这样，从词义上来讲，"哲学"就是给人智慧，使人聪明的学问。哲学是一门学问，但这门学问到底是研究什么的呢？说起来十分广泛，它是研究对世界的看法，可落到实处，却又感到十分空泛，没有明确的定义，或者说没有具体可言的东西。

什么是哲学

古希腊哲学家亚里士多德说,哲学起源于好奇,人们是由于好奇而开始哲学思考的。一个对事物和现象感到困惑和好奇的人,就感到了自己的无知,人们是为了摆脱无知而进行哲学思考的。西方著名哲学家罗素说:哲学不是一般的知识,哲学的起源是由于我们要用一种非常沉毅的企图去追求一种真实的知识。

哲学是理论化、系统化的世界观,是自然知识、社会知识、思维知识的概括和总结,是世界观和方法论的统一,是社会意识的具体存在和表现形式,是以追求世界的本源、本质、共性或绝对、终极的形而上者为形式,以确立哲学世界观和方法论为内容的社会科学。哲学包括理论哲学和实践哲学,哲学的根本问题是思维和存在、精神和物质的关系问题,根据对这个问题的不同解释而形成两大对立派别:唯心主义哲学和唯物主义哲学。

哲学的产生

哲学的含义是"爱智慧"。按照《圣经》中的说法,这种对智慧的爱是人类的宿命和原罪。

据说，上帝在创造世界之后感到有些孤单，便用泥土照着自己的样子创造了亚当，后来又用亚当的一条肋骨创造了夏娃。上帝在东方辟了一个园子叫作伊甸园给亚当和夏娃居住，那里简直就是天堂。在伊甸园里有许多树，其中有两棵树最特别，一棵是生命之树，一棵是智慧之树。据说吃了生命之树的果子可以长生不老，吃了智慧之树的果子便有了智慧。上帝告诫亚当和夏娃，伊甸园中唯有智慧之树的果子不能吃，吃了就会死。但是后来亚当和夏娃禁不住蛇的诱惑，终于偷吃了智慧之树的果子，于是悲剧发生了：他们因此被赶出了伊甸园，而且子孙万代都不得不为这个"原罪"付出代价。

就这样，没有吃到生命之树上的果子，人就不能长生不老了；而吃了智慧之树上的禁果，则让人意识到了自己不能长生不老。于是，人就开始了痛苦的思考。哲学就这样产生了。

伊甸园的神话，暗示了人是一个矛盾的存在。一方面，人偷吃了智慧之果，有了和上帝一样的智慧；另一方面，人没有吃生命之树上的果子，也有了一个早晚会死去的肉身。人有肉体并不可怕，大不了可以像动物那样无忧无虑地活着。古希腊有个哲学家叫皮浪，他就主张人像猪一样活着。据说有一次，他同他的同伴们一起乘船出海，遇到了风暴。同伴们都惊慌失措，他却若无其事，指着船上一头正在吃食的小猪说，聪明的人应该像猪一样不动心。

可是人变不成猪。因为除了沉重的肉身，人还有一个高贵的灵魂。灵魂不甘心成为肉体的奴隶，总想挣脱肉体的束缚，重新回到天堂。动物之所以不痛苦，并不是因为动物不会死，而是因为动物意识不到自己会死。而人之所以会痛苦，是因为人必然会死去，而且还和这个无法改变的事实做着悲壮的抗争。

如果人是动物，就不会提出哲学问题；如果人是天使，则不需要提出哲学问题。麻烦的地方正在于，人一半是天使，一半是魔鬼，才会提出那些自己无法回答的哲学问题。他属于自然，但还想超越自然；他本来有限，却总想达到永恒。还是尼采说得好："人便是一根绳索，连接在禽兽和超人之间——架空于深渊之上。"

哲学是民族精神的精华

哲学虽然不能用来谋生，在常人看来研究它仅属于"吃饱了无事可做"的无聊举动，但正是这种近乎"无聊"的思考，构成了民族精神的精华。正如罗素所说："要了解一个时代或一个民族，我们必须了解它的哲学；要了解它的哲学，我们必须在某种程度上自己就是哲学家。"

黑格尔说："一个有文化的民族，如果没有哲学，就像一座庙，其他方面都装饰得富丽堂皇，却没有至圣的神那样。"黑格尔借用"庙"与"神"的关系来生动地比喻人类生活与哲学两者之间的关系。按照黑格尔的比喻，庙里的"神"使庙灵光，哲学则使人类的文化殿堂和精神家园灵光。哲学，它就像普照大地的阳光一样照亮了人类的精神生活。如果失去了哲学，人类的生活就会变得黯淡无光。正如宋朝的一位诗人对孔子的评价："世不生仲尼，万古长如夜。"

学哲学就要爱哲学

　　哲学既不能"教"，也无法"学"，只能靠参与。唯有参与到哲学的思考之中，才能领会其思考问题的方式。从这个意义上，领会哲学，就不能当一个置身事外的旁观者，而应该抱着投身于其中的姿态参与其中。就是要当"剧中人"，而不能当"局外人"。哲学其实很简单，就在我们每个人的身边，但我们似乎觉察不到，正所谓"日用而不知"。

　　今天的哲学之所以变得抽象了，变得晦涩了，是因为我们总是将其当作一门知识来学习，而不愿意参与到哲学的思考当中。我们总是期待一门学问能给我们多少技能和知识，而不是希望从中能获得多少启迪。爱因斯坦曾经把"哲学"和"人"的关系比喻为鱼水关系。他说："鱼对于它终生都在其中游泳的水又知道些什么呢？""鱼儿"对"水"一无所知，是因为它本身就在水当中了。这种鱼水关系，已经不能简单地用"知道"和"不知道"这样的字眼来描述了。正如雅斯贝尔斯所说："哲学是不能教的，只能靠自身的悟性去参悟人生与世界。"

　　哲学是专属于人的，因为它本身不是智慧，而是对智慧的爱。柏拉图曾经借苏格拉底之口说：智慧这个词太大了，它适合神，而"爱智慧"这类词倒适合人类。所以说，没有对智慧的爱，而是抱着功利的态度去对待哲学，是进入不了哲学的。一个人如果从哲学中仅仅看到若干范畴和教条，当然会觉得枯燥乏味，而他也算枉学了哲学。只有那些带着泪和笑感受与思考人生与世界的人，才能真正领略哲学的魅力。

　　黑格尔说，同一句格言，在一个饱经风霜、备受煎熬的老人嘴里说出来，和从一个天真可爱、未谙世事的孩子嘴里说出来，含义是根本不同的。"老的那些宗教真理，虽然小孩也会讲，可是对于老人来说，这些宗教真理包含着他全部生活的意义。即使这些小孩也懂得这些宗教真理的内容，可是对他来说，在这个宗教真理之外，还存在着全部生活和整个世界。"黑格尔这段话告诉我们，哲学不仅仅是一种慎思明辨的理性，而且是一种体会到的真切的情感；哲学不仅仅是一系列的概念的运动和发展，而且蕴含着极其深刻的生活体验。人们要真正地进入哲学思考，还必须具有中国传统哲学所提倡的体会、顿悟、品味。

学习哲学就是学会思考

　　哲学研究的对象无法界定，哲学思考的问题没有答案，哲学本身也无法像其他知识那样进行学习、传授和积累。由此，哲学好像也无法进行定义和界定。有一个哲学家曾经自嘲地说：谁要想让哲学家出丑，最有效的办法莫过于问他"什么是哲学"这个问题了。一千个人心中有一千个哈姆雷特。有一千个哲学家，估计就有一千个关于哲学的定义。在一定意义上说，哲学不过是一种运思方式而已。有什么世界观，就有什么样的方法论。如何看待世界，就会如何思考世界。预设的前提不同，思考的方式就会大相径庭，得出的结论也会千差万别。学习哲学，无非就是要学习哲学的这种思考方式。比如，我们学习马克思的哲学，无非就是要学会像马克思那样去思考问题。当年康德就曾经告诫他的听众："学生唯一可学的仅是进行哲学式的思考。"

物质和意识的关系问题

物质和意识的关系，是今天我们最为熟悉的哲学问题。因为我们的教科书在谈及哲学的时候，首先谈及的就是这个问题。坚持物质第一性的，则是唯物主义，坚持意识第一性的，则是唯心主义。

其实，物质和意识的关系，到今天仍然是一个扯不清楚的问题。爱因斯坦说：承认有一个不以我们的意志为转移的客观世界存在，是我们认识这个世界的前提，也是科学知识成为可能的必要条件。看来，科学家一般都是唯物主义者。如果科学家都像贝克莱那样宣称"存在即被感知"，估计就不会有什么科学认识和所谓的客观性的东西了。但是，唯心主义和唯物主义争论的焦点并不在这里。唯心主义者认为，如果没有人的心灵，物质即使存在，也没有任何意义。正是意识，赋予了物质存在的权利。正如海德格尔所说："如果没有人，高山是有的，流水是有的，但它们都不存在。"

正如我们前面所谈到的"前提"和"理由"之间的关系问题，物质也许是作为前提起作用的，它是载体，但无法说明自身。真正能够赋予物质意义的，是意识。意识是让这个世界鲜活起来的理由。但是，意识必须附着于物质上，否则就是一片虚无，空无缥缈。比如，我们说"红"这个颜色，肯定是在说"红的东西"。世界上绝对不存在单纯的"红"颜色。正如后来现象学的开山鼻祖胡塞尔所说的："思，总是在思某物了。"确实，我们实在无法想象没有任何思想内容的思想。

世界本原问题

关于世界本原问题的探讨，在哲学中是一个本体论问题。这是哲学的永恒课题。因为，自从人有自我意识那一天开始，就有一种倾向，即希望找到一个东西一劳永逸地解释自己所面对的世界。于是，本体论就成了哲学的主要问题。

在远古时期，生产力不发达，人们往往将世界的本原归结为某一种自然物质。比如，古希腊第一位哲学家泰勒斯将水看作世界的本原，认为万物产生于水，复归于水。阿那克西美尼认为气是世界的本原，赫拉克利特认为火是世界的本原……当然，这种观点早已被科学证明是错误的，但这种思考却一直在西方社会延续，并构成了西方哲学史的主要内容。自从苏格拉底提出那句"认识你自己"的重要命题以后，西方对本原问题的探讨开始由外在世界转向心灵，开创了西方哲学史上长达两千多年的概念思辨传统。比如，毕达哥拉斯提出"数"是世界的本原。数这个东西，看不见、摸不着，已经是心灵的抽象了。到柏拉图提出"理念"之后，西方关于本体问题的探讨达到了最高峰。正如怀特海所说："整个西方哲学史，不过是柏拉图主义的注脚。"

到了近代以来，西方哲学的概念思辨遇到了自身无法克服的问题，转而兴起了反"形而上学"、反"本质主义"的浪潮，其实质就是要取消哲学中的"本体"概念。

人的幸福问题

无欲则刚。肉身的可怕，正在于人的一切欲望都是来自肉身。享乐主义者认为，人活着就是要恣情纵欲，今朝有酒今朝醉，这就是幸福。持这种观点的是享乐主义者。但是，欲望是无休止的，每当一个欲望得到满足以后，新的欲望又会接踵而来。于是，人的一生就成了不断追逐欲望的旅程。由此，很多哲学家反对恣情纵欲。伊壁鸠鲁说："享受生活，但要深思熟虑。"一味地放纵只会成为欲望的奴隶，结果反而是得不偿失。但是，理性是激情的奴隶，又有多少人会以理性的态度去追求肉体的快乐呢？所以，一些悲观且深刻的哲学家都对人类的欲望表示了无奈。比如，叔本华说："幸福不过是欲望的暂时停止。"人生就是痛苦，所谓的幸福不过是欲望的暂时满足。这一状态无法改变，因为生命本身产生了欲望，欲望是痛苦的源泉，痛苦是人生所面对的主要对象，因而人生是痛苦的。

但对大部分哲学家而言，追求精神的沉醉以升华自身的欲望，代表的是一个正确的方向。当精神上的愉悦远远大于肉体上的快感的时候，人们就会化解自己的欲望。弗洛伊德说性欲是人的原动力，但是人能够将性欲通过另外一种形式释放出来，比如，对科学的追求，对知识的探究，都能够让人在一种更高级的快乐中得到升华。所以，在西方人看来，拥有幸福的人，就是那些能够升华自身欲望的人，也是那些具有强大精神气质和人格的人。尼采提出的"超人"的概念，正是把不断超越、不断奔跑、不断克制看作幸福的最大动力。正如斯宾诺莎所说的："幸福不是德行的报酬，它就是德行本身；并不是因为我们克制情欲，我们才享有幸福，反之，乃是因为我们享有幸福，所以我们能够克制情欲。"

哲学和理性的问题

哲学依靠理性思考，靠思维把握真理。在西方哲学家看来，哲学如果不能追求自明的真理，简直就是一件耻辱的事情。感性之所以不能信任，就是因为人的感觉千变万化、稍纵即逝，不能为我们提供自明的东西。就这样，西方的哲学在源头就把哲学当成了一门科学来追求，并把数学，特别是几何学当成了典范。几何学上的推理，根本不需要我们用眼睛看，闭着眼睛思考就会认为是确定不移的。在几何学中，只要前提是自明的，推理是恰当的，符合逻辑的，得出的结论就是必然正确的。在哲学家看来，哲学寻求真理，也应该是这样的。

所以，在西方，和数学一起发展起来的是逻辑学。当西方历史上第一位数学家欧几里得在创建几何学体系的时候，哲学家亚里士多德也在着手创建他的逻辑学体系，专心致志地研究三段论式的推理。数学和逻辑学的联姻，造就了西方人的狂妄，他们天真地认为，自己已经掌握了放之四海而皆准的真理。阿基米德有一句名言说："给我一个支点，我能撬起整个地球。"康德比阿基米德更狂妄："给我支点，我能撬起整个宇宙！"

第二章
中国哲学的基本问题

　　哲学的基本问题是哲学家所必须研究探讨的问题，中国传统哲学在不同历史时期同样有着深切思考：诸如先秦至两汉的天人之辩和名实之辩，魏晋至唐宋的有无之辩和形神之辩，宋元至明清的理气之辩和心物之辩，等等。

图腾崇拜

图腾崇拜是将某种动物或植物等特定物体视作与本氏族有亲属或其他特殊关系的崇拜行为，是原始宗教的最初形式。原始人相信每个氏族都与某种动物植物或其他自然物有亲属或其他特殊关系，一般以动物居多。作为氏族图腾的动物，即是该氏族的神圣标志，照列为该全族之忌物，除特殊需要外禁杀禁食，且举行崇拜仪式，以促其繁衍。

"图腾崇拜"是一种宗教信仰，约发生于旧石器时代晚期的氏族公社时期。"图腾"为印第安语 totem 的音译，源自北美阿耳贡金人奥季布瓦族方言 ototeman，意为"他的亲族"或"他的氏族"，相当于是整个部族的标记。许多氏族往往以它命名。

将"图腾"一词引进我国的是清代学者严复，他于1903年译英国学者甄克思的《社会通诠》一书时，首次把"totem"一词译成"图腾"，成为中国学术界的通用译名。严复在按语中指出，图腾是群体的标志，旨在区分群体。并认为中国古代也有与澳大利亚人和印第安人相似的图腾现象。运用图腾解释神话、古典记载及民俗民风，往往可获得举一反三之功。

图腾是产生于原始时代的一种十分奇特的文化现象，其产生的基础是原始社会生产力的低下和原始民族对自然的无知。原始人先后产生了三种图腾含义：图腾是血缘亲属；图腾是祖先；图腾是保护神。在原始人信仰中，认为本氏族人都源于某种特定的物种，于是图腾崇拜便与祖先崇拜发生了关系。

纵观历史上每个民族的图腾物象，种类非常之多，被尊为图腾者，从多至少依次是动物—植物—无生命物—自然现象—人。图腾的选择很大程度上依赖于该地区的自然环境，取决于该地区的动物群和植物群。我们可以发现一个规律，图腾基本上是该地区或相邻地区的存在物，如无虎之地绝不会以虎为图腾。各地区氏族在选择图腾时，往往偏重于大动物，如果一个部落所在地有象、虎、豹、熊等，则多以这些动物为图腾。

最早的图腾物很可能是哺乳动物，因为哺乳动物的生理特征和行为与人类较为相似，比较容易被认为是同类。植物图腾的种类也有很多，主要是一些可食或可用的，如松、柏、稻、荞等。而无生命物和自然现象的图腾出现得要晚一些，前者有石、工具、人造物和生活用具等，后者有太阳、月亮、星星、雷、火、风、云、海等。

人们一般都会以为一个部落、氏族或者家庭都只有一个图腾，但是事实并非如此。在图腾崇拜历史上，固然有只崇拜一个图腾的群体，但拥有两个或两个以上图腾的群体也不少见。例如海达人尊崇鹰图腾，在一个家庭的前柱上，顶端作大鹰，底下为熊，两种都是男主人的图腾，中间刻狼，是女主人的图腾；另一家庭的前柱上，狗和鱼雕于顶上，下为大乌鸦，最下是杀人鲸，前两者是女主人的图腾，其余是男主人的图腾。

中国的图腾崇拜源远流长，从石器时代至近现代都有图腾崇拜遗迹，且各地区有一个为若干民族共同崇拜的主要图腾。

龙是中华民族精神的象征，是中华民族共同的图腾神，对龙的崇拜几乎没有地域之分、民族之别。很多年以来，各族人民把它视为神灵，虔诚地崇拜、祭祀。然而龙却有别于其他图腾，几乎所有图腾都是自然界中的生物或无生命物，龙却例外。据考古发现，龙的形象最早出现在距今8000年左右的查海文化遗址中，这是至今发现的最早、体形最大的石块堆塑龙形。关于龙的形象，南宋文人罗愿在《尔雅翼·卷二》中进行了"三停九似"的描述，即：三停——首至膊，膊至腰，腰至尾；九似——角似鹿，头似驼，眼似兔，颈似蛇，腹似蜃，鳞似鱼，爪似鹰，掌似虎，耳似牛。

龙既是民族的标志，同时也是帝王和皇权的象征。龙崇拜之所以能长期延续，原因有二：其一是历代帝王利用龙来树立自己的权威，巩固自己的统治；其二是人们把龙当作主宰雨水之神来崇拜，中国数千年以来以农立国，而雨水是农业生产的命脉。但龙在各族人民心中，不全是权力、地位的象征，如在苗族人民心中，龙并不是高高在上的，而是艺术的生活化和生活的艺术化的体现，此点在苗族刺绣中就很好地体现出来。

"天"与"天命"

西方宗教崇拜的对象是人格神，无论是上帝还是耶稣，他们都是人的形象。可是，我们中国人的"天"呢？好像无法描述。它不是刮风下雨的天，不是奖善惩恶的"老天爷"，也不是人类命运的掌控者……总之，我们无法对中国人眼中的"天"下一个定义，它好像是一个苍穹，好像是一个境域，一个充满玄机的苍穹和境域。

正如我们每个人抬头所看到的那样，蓝天白云，无边无际。它的含义是如此丰富，以至于我们在那一声声"天啊"的呐喊和发声语境中，可以通过各种方式来体会和体现着这天的蕴意：当我们遭受天灾时，我们会心生恐惧，总以为这是天下凶兆，以罪人间丑恶；当风调雨顺时，我们会认为这是政令畅通、国泰民安的祥兆；当六月飞雪，出现灵异现象时，人间可能存在着重大冤情，需要昭雪和平反；当人们的努力无法改变趋势，抱终天之憾时，我们会"认命"，认为是"天意"使然……

总之，天离我们很远，又离我们很近。它是有形的，又是无形的。它似乎高高在上，但永远不会死板地向人间颁布命令。它似乎就在我们身边，却又神鬼莫测，"时世无常"、"造化弄人"地化解着我们的努力，嘲弄着我们的命运。就这样，天成了中国人的最微妙的生存境遇。

天命，指上天的意志，也指上天主宰之下的人们的命运。孔子"五十而知天命"中，天命就是我们今天讲的因果报应。命里有的一定有，命里没有的别强求，乐天知命，丝毫强求都没用，善因一定得善果，恶因一定得恶果。宋·欧阳修《新五代史·伶官传》："虽曰天命，岂非人事哉？"晋·陶渊明《归去来兮辞》："乐夫天命复奚疑。"

天命主要有以下含义：一是上天之意旨，由天主宰的命运；二是指自然的规律、法则；三是古以君权为神授，自称受命于天；四是谓天赋；五是犹天年，谓人之自然寿命。

人性善恶的争论

在中国文化的源头处，很多伟大的思想家是不谈人性善恶的。《尚书》中只说："人心惟危，道心惟微。"意思是说：人心是很危险的，一不小心就会让人走入歧途。而道心是微妙的，不在特定的情境中，就很难发扬光大。孔子，这位圣人也是不谈人性善恶的。对人性进行谈论的，是孔子的两个传人，一个是孟子，另外一个是荀子。具有讽刺意味的是：这两个人都以孔子的传人自居，却对人性的理解大相径庭。

孟子认为人性善。孟子从孔子的"仁"出发，把"仁"中体现的"爱"大力发挥。他说，人性显然是善的。你没有看到吗？我们看见一个孩子掉到井里去了，都会产生恻隐之心，毫无想法地去救这个孩子，而不是先想到一些个人的利益。比如，我和这个孩子的家长是不是认识？我把孩子救上来，能不能得到报酬？所以，"爱"是人的本能，人身上都有"善端"，孟子称为"良知"、"良能"，不需要学习，不需要强化，它就像人的本能一样。"仁义礼智，非外铄我也，我固有之也。"意思是说：仁义礼智这些东西，并不是外界强加给我的，而是发自人的本心，是人的一种自觉。

荀子认为人性恶。荀子和孟子不同，他关心的不是孔子的"仁心"，而是孔子的"礼制"。和孟子不同，荀子不强调人的社会属性，而是关注人的自然属性，从而将人性定位为"恶"。荀子说："礼制"这些规矩是怎么来的呢？如果人都是善良的，还要外在的规矩干什么！正因为人生下来就有各种各样的欲望，这些欲望驱使着人去满足自己的各种需要。但社会资源是有限的，人的欲望却是无限的，于是就不可能没有争斗，有争斗必然产生混乱，从而让整个社会失去秩序。先王看到这种现象很是不安，于是就设定"礼仪"，制定规则，让人们合理地节制自己的欲望，也让社会的资源合理地消费，所以才有了"礼"。

有什么样的世界观，就有什么样的方法论。同样，有什么样的人性观，就有什么样的治国方案。由于孟子和荀子对人性的理解不同，所以才有了不同的教育方案和治国理念。

善恶与祸福的关系

善恶是个人的品质问题，祸福是个人的遭遇问题，二者之间是偶然的，还是必然的？这也是中国哲学史上长久争论的问题。

孔子认为，人的偶然性是无法控制的。所以，孔子一生都敬畏天命。天命是无法把握的，又不是现成的，它总是参与到你的行为中来，演绎你看似必然的人生。孔子说："时也，运也，命也。"意思是说，行善并不一定就能得福，行恶也未必能遭到报应。如果善恶以外在的祸福为导向，善恶就不是绝对完满的。

荀子曾经讲过孔子和他的学生子路的一个故事。孔子在陈蔡之间没有吃的，以至于"七日不火食"。子路就问孔子："善有善报，上天赐福；恶有恶报，天降横祸。而老师您仁义满天下，一生多善举，累德、积义、怀美，为什么却一生困顿，上天没有赐福呢？"孔子狠狠地批评了子路这种功利主义的态度："夫贤不肖者，材也，为不为者，人也，遇不遇者，时也，死生者，命也。"即使是大才君子，如果"不得时"，也无可奈何。如果"得时"，就应该抓住机会，干一番事业就不成问题。所以孔子说："苟遇其时，何难之有。"

"道"与"阴阳"的关系

"道"是中国哲学中的最高范畴，类似于西方哲学中的"本体"。西方的"本体"是不能靠感官感知的，只能出现在思维中，是一种抽象的产物。而中国人眼中的"道"不仅不能靠感官感知，更不能靠思维把握，不能指称，也不能形成概念，所以无法言说。老子说："道可道，非常道；名可名，非常名。"意思是说，道一旦被说出来，就不是道了。而道一旦被命名，就不是真正的名了。

老子如此，孔子也是如此。孔子的学生子贡说："夫子之文章，可得而闻也；夫子之言性与天道，不可得而闻也。"意思是说：老师写的文章可以拿来读一读，但是老师所意指的"性"与"天道"，文章里是没有的，无法表现在语言里。《文心雕龙》的作者刘勰对此也深有体会。他说："夫形而上者谓之道，形而下者谓之器。神道难摹，精言不能追其极；形器易写，壮词可以喻其真。"确实如此，无论语言如何精妙，都无法表达中国人眼中的"道"。

所以，中国人的"道"，只能去体悟，而不能横加议论。

和西方哲学不同，中国哲学从来都没有到外在的世界中去寻找本体和推动世界运动变化的动力。在中国文化的观念中，这个世界从来都是由两股相反相成的力量在推动着。这两股力量，一个是"阳"，一个是"阴"。阴阳交合，衍生万物，并内在地蕴含着万物衍化的玄机。在中国哲人看来，"道"正是内在地蕴含在阴阳交合的变化流转中，而不是凌驾于"阴阳"之上的东西。《易传》中说："一阴一阳谓之道。"后来宋朝的哲学家程颐说："离开阴阳更无道。"

阴阳，不仅是一种世界观，还是一种方法论。就阴阳本身而言，哪一个是第一位的，哪一个是从属性的？不同的学派给出了不同的答案。儒家贵阳，强调入世；道家贵阴，看重出世。儒家是现实派，道家是复古派。就阴阳交合的方法论而言，也没有固定的模式，这就为哲学家的引申发挥提供了空间。孔子注重阴阳之间的平衡和稳定，反对走极端，认为过犹不及，于是有了中庸之道。而道家，则是看重阴阳之间的转化，认为日中则盈，月满则亏，信奉"反者道之动"的辩证法。于是，中庸之道成了个人修养心性的不二之道，而老子"反者道之动"的辩证法，则被那些谋略家和军事家所借鉴，成为中国历史上的"君人南面之术"。

精神需求高于一切

　　物质需求和精神需求是人类的两大基本需要。在这两大基本需求之间，中国哲学毫不犹豫地选择了后者。在这一点上，无论是儒家，还是道家，基调基本是一致的。

　　道家否定物质需求，是因为物质欲望妨碍了人的自由的真正实现。老子说："执者失之，为者败之。"如果对一个事情过于执着，就会不自由。而肉体欲望、功名利禄这些东西恰恰是容易让人追逐的东西。庄子说："死生、存亡、穷达、贫富、贤与不肖、毁誉、饥渴、寒暑，是事之变，命之至也。"这些不可能改变的事情，你若想去控制和追求，势必会造成痛苦。

　　儒家并没有否认肉体欲望，而是认为有一种更高级的精神快乐更加真实。达到这种快乐的人，就会将物质欲求降到最低。孔子说，吃着粗粮，饮着白水，弯着胳膊当枕头，这也充满乐趣。用不义的手段得到富贵，对于我好像浮云那样转瞬即逝而无足轻重。孔子最喜欢的学生是颜回，这是因为颜回真正做到了"安贫乐道"。颜回用非常简陋的竹器吃饭，用瓢饮水，住在陋巷，别人受不了这种困苦，颜回却不改乐观态度。对于孔子、颜回这样品德高尚的人来说，快乐已经不在于物质享受，而在于对精神情操的追求。

　　"孔颜乐处"是儒家追求的最高精神境界，也是中国知识分子追求的最高精神境界。在到处充斥着追求物质利益的当代社会里,"孔颜乐处"无疑是我们安身立命、心灵环保的精神家园。孔颜所乐之处就是在艰难条件下,为了追求理想而达到的乐观主义境界。这种"乐"的境界是"志于道,据于德,依于仁"的体现。对于君子来说,最重要的德行就是仁,仁是一切德行的出发点,是实现远大志向的必备条件。正如孔子所说:"人而不仁,如礼何?人而不仁,如乐何?"

"内圣"与"外王"的矛盾

马克思说,人在本质上是社会关系的总和。中国哲学中也就面临着一个个体和群体之间的关系问题。关乎个人的,称为"内圣之学",旨在为每一个人提供安身立命之本;关乎群体的,称为"外王之学",旨在为社会提供一种安定的政治秩序。于是,如何协调"内圣"和"外王"的关系问题,也就成了中国文化中的一个大问题。

但是,二者的整合是困难的,因为个体和群体之间矛盾是永恒的。儒家的"内圣之学"主要是关于"仁"的学说。仁者,爱人。每一个人都可以在血缘亲情中去寻找人生的意义和价值的寄托。所以,中国人不需要上帝,也不依靠上帝。关于"外王之学",主要是关于"礼"的学说,也就是一套上下有等级、贵贱有差别的社会规范。只要每个人都能做到"仁",整个社会就能实现"礼治"。孔子以"仁"释"礼",打通了"内圣"和"外王"。但是,二者的这种统一只是暂时的，到了后来的孟子和荀子那里，孔子的学说又沿着"内圣"和"外王"两条路线被分化了。

道家的思想也是如此。老子的思想也包括"内圣"和"外王"两个层面。一方面，他让人安时处顺，突破肉体欲望、人伦情感等各种羁绊，实现逍遥游。另一方面，他又想通过"道"建立一个"小国寡民"的社会。和孔子一样，老子的思想在继承者那里也被片面性地发挥，庄子是沿着"内圣"的路线走了下去，而兵家孙子、法家韩非子等人则是沿着"外王"的路线走了下去。

个人和群体之间的矛盾，是一个永恒的矛盾。这就注定了"内圣"和"外王"统一只能是一个历史过程。

哲学的几大关系

心物问题，亦即精神与物质的关系问题，是哲学的基本问题。在西方近代哲学中，关于精神与物质的问题讨论较多。在中国先秦哲学中，对于心物问题已有所讨论。到了宋明时期，心物关系问题终于成了理学家和心学家争论的焦点。

理学家以张载为代表。他说："人体无心，因物为心。若只以闻见为心，但恐小却心。今盈天地之间者皆物也。如只据己之闻见，所接几何，安能尽天下之物？所以欲尽其心也。"这段话的意思是说，心乃是物的反映。人的见闻有限，天地之间事物无穷，须尽量了解天下之物，不以见闻为限。

但是如何才能尽天下之物呢？张载似乎是认为，"尽其心"就能"尽天下物"。

心学家以王阳明为代表。王阳明认为："心外无物，心外无事，心外无理。"心与物同体，物不能离开心而存在，心也不能离开物存在。离却灵明的心，便没有天地鬼神万物；离却天地鬼神万物，也没有灵明的心。从一方面说，灵明的心是天地万物的主宰。从另一方面说，心无体，以天地万物感应之是非为体。客观的事物没有被心知觉，就处于虚寂的状态，如深山中的花，未被人看见，则与心同归于寂；既被人看见，则此花颜色一时明白起来。心的本体，就是天理，事虽万殊，理具于心，心即理也。不必在事物上求理，心外求理，就是心与理为二。心中之理，就是至善，心外无理也就是心外无善。

动和静是中国哲学史上的一对重要范畴。在中国古代哲学中，"动"与"静"这两个概念的含义，比通常物理学上所讲的运动、静止的含义要宽泛得多，复杂得多。例如，变易、有欲、有为、刚健等都被纳入"动"的范围，而常则、无欲、无为、柔顺等则被纳入"静"的范围。因此，它被广泛地用来解释中国古代哲学各方面的问题，包含着丰富的内容。

《易传·系辞》认为："一阴一阳之谓道"，认为乾坤的动静交替，产生了万物。东晋著名佛教徒僧肇主张，"即动而求静"，"必求静于诸动"，"不释动以求静"。他通过动静不离的说法，推论出所谓"动静未始异，而惑者不同"，把动静的差别完全归结为主观的妄觉。以后，宋明理学家对动静的依存、转化关系有进一步的探讨。朱熹说："动静二字，相为对待，不能相无。……若不与动对，则不名为静；不与静对，则亦不名为动矣。"又说，"阴静之中，自有阳之根；阳动之中，又有阴之根。"他认为动静"循环错综，不可以先后始终言"。

言和意也是中国哲学史上的一对重要范畴。"言"，指言辞、名称、概念、论说、著述等；"意"，指思想、义理、宗旨等。"言"、"意"之间的关系问题，早在先秦时期就已引起许多思想家的注意。墨家认为，通过一定的"言"，人们就可以了解和把握一定的"意"。这是一种肯定"言"能达"意"，"言"与"意"一致的观点。以老庄为代表的道家，对"言"能达"意"持怀疑或否定的态度，认为意所从出的道不可言，道无形无名。《易传·系辞》中借孔子之口说，"书不尽言，言不尽意"，也承认"言"不完全能表达意，但立即补充说，"圣人立象以尽意，设卦以尽情伪。"提出通过设立符号式的卦象来弥补"言"在表达"意"时的不足，表现出一种折中调和的观点。在《庄子·外物》中还记载着"言者所以在意，得意而忘言"的观点。这种观点不否定"言"表达"意"的作用，而是强调"言"以"得意"为本。就像"得鱼而忘筌"、"得兔而忘蹄"那样，"言"是得"意"的一种工具。

魏晋时期，"言"、"意"之间的这种复杂关系，引起了玄学家们的广泛兴趣和专门讨论。这一时期的"言意之辩"，基本思想资料源于先秦各家之说，观点仍可分为"言尽意"、"言不尽意"和"得意忘言"三派，但在理论上有着强烈的时代特色和更为深刻的思想方法论意。

套用西方哲学中的概念，"道术"中的"道"指的是一种价值观。孟子说的"行天下之正道",就是要树立正确的价值观,为国为民。所谓的"术"主要指的则是谋略、手腕、手段。只讲原则,而不注重方式、方法的,在中国哲学中称为"有道无术";为达到目的而不择手段的,则被称为"有术无道"。

比如,中国古代经典中有一部著作《鬼谷子》。这本书是专门讲谋略和技巧的。这本书历来誉少毁多。《汉书》将《鬼谷子》中的"纵横捭阖之术"列为"九流"之一,排斥在正统之外。唐朝的柳宗元更是斥其"妄言乱世"。清朝的卢文绍更是直接指责:"《鬼谷子》,小人之书也!"

之所以出现这种现象,究其原因,主要在于《鬼谷子》中所宣扬的谋略没有道义的根基。也就是说,它是一种"无道之术"。只讲策略、技巧和修辞的推行,而不顾这种推行所带来的结果,这就难免会受到历代思想家的非议了。用现在的话来说,是只讲方法论,不讲价值观。就好像前些年震惊世界的克隆人实验,那些麻木不仁的科学家待在实验室里埋头研究克隆细胞的分裂和培育,而没有看到这种技术的出现给人类所带来的消极后果。《鬼谷子》中的谋略之术也是如此,它只讲应用,而置道义于不顾,势必遭到非难。

中国哲学的"形"与"神"关系问题,类似于西方哲学中的肉体和灵魂的关系问题。对此,先秦哲学已有讨论。《管子》中说:"天出其精,地出其形。"意思是说:人的灵魂和精神是上天赋予的,人的形体则是大地母亲给的。荀子则说:"形具而神生",他认为人有了形体,也就随之有了精神。汉代哲学继续这一关于肉体与灵魂、生理与心理关系的讨论,桓谭提出烛火之喻,认为人的精神就好比蜡烛上的火光，蜡烛没有了，火光根本不能单独存在。王充主张"人之所以生者精气也"，"能为精气者血脉也，人死血脉竭，竭而精气灭"。他还通过论证阐释了人死不为鬼的道理。

到了魏晋南北朝时期，哲学家们继续了先秦、两汉对形神关系的讨论。特别是佛教、道教传播发展的现实，使这一讨论同宗教观念与无神论的冲突相联系，导致了神灭神不灭之争。佛教主张因果报应说，认为精神不随肉体的毁灭而消灭，即形灭神不灭；道教主张炼形养神，以达到形不朽神不灭的境界。南朝范缜主要针对佛教的因果报应说和神不灭论展开批判，他在《神灭论》中提出了"形者神之质，神者形之用"的主张，认为"形之与神不得相异"。

"出世"与"入世"最初来源于儒家跟道家两派的学说观念。儒家提倡积极入世，帮助世人，贡献社会，将个人的价值融入社会集体当中。所谓"达则兼济天下，穷则独善其身"，"学好文武艺，货卖帝王家"，讲的就是入世。而道家则提倡小国寡民，老死不相往来，隐居山林，闲云野鹤，不问世事，不问政治，落得逍遥自在。后来，这种观念被引申到了其他人身上，代表着不同的两种人生观，入世是积极向上的融入社会的人生观世界观，出世则是消极的逃避社会的人生观与世界观，譬如，陶渊明的《桃花源记》里面的桃花源。

佛家也讲出世与入世。说的是面对尘世间，两种截然不同的态度与修行观念。出世追求的是脱离凡世间的困扰和诱惑，寻找寂静清幽之所静心修行，从而达到高超的无我境界。入世即通过入世修行，教化大众以求正果。

出世和入世历来是困惑中国读书人的两难选择。好像选择了桃花源，就不能经世致用了。很多大哲人也力图化解二者之间的矛盾。老子说："小隐隐于林，大隐隐于朝。"不论是出世，还是入世，看的不应该是表面的行为，而应该看人的心态。所谓"以出世的心态做入世的事情"，就是这个意思。

在中国哲学中，从来没有把"知"和"行"分开，而是强调知行合一。也就是说，知道一件事情，就是为了把这件事情做好。只"知"不"行"，在中国文化中是不能容忍的。所以说，中国古代所谓的知识，不是今天所谓的科学技术，主要指的是道德知识。所谓的实践，也不是今天所谓的改造客观世界的活动，主要是道德实践。《尚书》中说："知之匪艰，行之惟艰。"意思是说，知道一个事情也许并不难，难的是如何在日常生活中去实践。于是，如何做到"知行合一"，才是古代先哲真正关心的问题。

孔子说："君子欲讷于言而敏于行。"意思是说：少说多做。又说："巧言令色，鲜仁矣。"意思是说：说得天花乱坠的人，在行为上往往不积极。在《论语·公冶长》一篇中，孔子还总结了自己的经验：当年我听了别人所说的，就相信他能够做到。现在长见识了，听完别人说的，还要看看他是否能做到。孔子的这个观点因为符合一般人的成长经验，所以流传至今，也奠定了中国人对知行关系的基本态度：行难于知，行重于知。虽然民间时常有"百无一用是书生"之类的讽刺，但在理论层面上，中国古代哲学的主流将"行"摆在了"知"的上面。

德与才的问题主要是针对人，是"道"和"术"的关系在个人身上的体现。有"德"的人是君子，但是有"德"的人未必都有"才"。相反，那些有"才"的聪明人，未必都有"德"。当然，"德才兼备"是最好的。但是这样的人确实少之又少。司马光说，在这种情况下，即使选拔有"德"无"才"的君子，也不能用有"才"无"德"的小人。原因很简单，对一个无"德"的人来说，越有"才"，对社会的危害越大。

据说，当年子思到卫国去，向卫侯推荐苟变。子思说，苟变是个大才，"可将五百乘"。可是，卫侯却不以为然，理由是：苟变当年为官，在向老百姓收取赋税的时候偷吃了老百姓的两个鸡蛋。据此，卫侯认为苟变这个人品质有问题，道德不完善，所以不愿意起用。

战国时期，苏秦、张仪这些纵横家游走于各国诸侯之间，以布衣之身庭说诸侯，动之以利害，晓之以大略，推行自己的政治主张。他们时而以三寸之舌退百万雄师，时而以纵横之术解不测之危。孟子评价苏秦说："一怒则诸侯惧，安居则天下息。"这些人够有才了，但是没有道义。他们坑蒙拐骗，为达到目的不择手段，为了追求功名不讲道德。所以，他们不是孟子所说的"富贵不能淫，贫贱不能移，威武不能屈"的大丈夫。扬雄在《法言》中这样评价他们：有着凤凰般的嗓音，却长着凶鸟的羽毛。

"修、齐、治、平"

"古之欲明明德于天下者，先治其国；欲治其国者，先齐其家；欲齐其家者，先修其身。"这里的修、齐、治、平，提出了治国的总纲领。儒家以"修身"为中心，强调个人道德修养与治国、平天下的一致性。

修身就要不断提高自己的品德修养。只有自身的品德端正，无偏见，无邪念，才能为人民所拥护。修身是格物、致知、诚意、正心功夫的落脚点，又是齐家、治国、平天下的始发点。心正而后身修，身修而后家齐。

齐家则是要经营管理好自己的家庭，只有教育好自己的家庭成员，才能教化人民。

治国就是要为政以德，实行德治，布仁政于国中。君主要像保护初生的小孩那样保护人民，以至善之德教化人民，使人民除旧布新，日新又新。统治者要使仁、敬、孝、慈、信的仁爱之风充满全国，国治而后天下平。

平天下乃是要布仁政于天下，使天下太平。平天下最重要的是要求君主具有"洁矩之道"，即以度己之心度人的高尚崇高品质，作为人民的榜样。由于平天下是多方面的，这就要求君主尊老兴孝，敬长兴悌，恤孤爱民，布行仁政。君主要实行恕道（己所不欲，勿施于人），坦诚至公，以德为本，举拔贤臣，提倡忠信，开源节流，以义为利，如此则能臻天下太平的境界。

虽然修、齐、治、平的境界与层次是步步增高的，可是修身却是最基础的东西，修身如果做不好，那么，齐家、治国、平天下就是一句空谈了。事实上每个人都需要修身，越是级别高的就越需要注意。怎样修身呢？首先，就是要自己先端正自己的心态。坚持道义，而不能存私心、求私欲。其次，正心要以心意真诚为基础。或许因为修养不够而犯过失，如果心态端正了，又是出于真诚之心，那么，一方面不会再犯同样的错误，另一方面也容易得到人们的宽容。再次，诚意以提高自己的智慧、使自己的知识广博为基础。拥有了真知和丰富的阅历之后，更能体会诚意和正心的必要。最后，智慧的提高和知识的广博以"格物"为基础。感悟天地万物是如何生生不息的，由此而感知天地万物之本性、本心，除去个人内心的私欲。这是从修身之"末"到"修身"之"本"的方法，没有"修身"之"本"，就像树木无根一样。因此《大学》说："物格而后知至，知至而后意诚，意诚而后心正，心正而后身修，身修而后家齐，家齐而后国治，国治而后天下平。""修身"是根本。前四者是"修身"的基础和方法，后三者是"修身"的目的。格物在于明辨事物，只有明辨事物才能得到正确的认识，有了认识才能意念诚实，然后才能思想端正。只有具备了以上的条件，自身的修养才能提高。自身的修养又是治理国家的必要条件和前提，由此才能治理好自己的家庭，也才能治理好自己的国家，最后达到天下大治。《大学》作为儒家思想的总纲领，造就了后代儒家对社会的关心和参与精神以及自身道德修养的提高。

社会秩序的蓝图

儒家以"仁"释"礼"，着力于个人与社会的统一；道家以"德"释"道"，着力于人和自然的统一。二者都没有把人生的意义和社会的秩序引向彼岸的神秘世界，而是完全消融于此岸的现实世界。我们生活于其中的这个世界，就能完全给中国人带来安慰和快乐，而不需要上帝和神灵。正如林语堂所说，中国之立轴中堂之类的绘画和瓷器上的图样，有两种流行题材：一种是合家欢，上面画着女人、小孩正在游玩闲坐。另一种则为闲散快乐图，如渔翁、樵夫或幽隐文人，悠然闲坐在松荫之下。这两种题材，分别反映了儒家和道家的两种人生观。前者是儿孙绕膝之乐，后者则为寄托山水之趣。

什么样的社会才是一个理想的社会，关于这一点，儒道两家给出了不同的答案。

无论是孔孟，还是老庄，都有一种"法先王"的政治情结。所谓"法先王"，就是把过去出现过的某一历史阶段视为值得模仿和效法的理想社会。但是儒道两家的思想又是如此的不同。孔子说："周监于二代，郁郁乎文哉！吾从周。"看来，孔子认为周朝的社会才是理想的社会。那么，周朝是一个什么样的社会呢？关于此，孟子给出了答案："昔者文王之治岐也，耕者九一，仕者世禄，关市讥而不征，泽梁无禁，罪人不孥；老而无妻曰鳏，老而无夫曰寡，老而无子曰独，幼而无父曰孤。此四者，天下之穷民而无告者。文王发政施仁，必先斯四者。"看来，鳏寡孤独皆有所养，是儒家的理想社会。而且这个社会肯定是一个男人主导的社会，从"幼而无父曰孤"这句话就能看出。为什么不说"幼而无母曰孤"呢？

但老子的理想却不是这样的。老子眼中的理想社会是"小国寡民，使有什伯之器而不用，使民重死而不远徙。虽有舟舆，无所乘之，虽有甲兵，无所陈之。使民复结绳而用之。甘其食，美其服，安其居，乐其俗。邻国相望，鸡犬之声相闻，民至老死，不相往来。"这种"结绳而用"、"鸡犬相闻"的生活方式，很可能就是一个美化了的母系社会。庄子是老子的继承人，他心目中的理想社会也能够印证我们的猜测："神农之世，卧则居居，起则于于。民知其母，不知其父，与麋鹿共处，耕而食，织而衣，无相害之心。此至德之隆也。"这种"耕而食，织而衣"，"民知其母，不知其父"的时代，肯定就是母系社会了。

第三章
古代阴阳五行哲学思辨

阴阳五行学说，是唯物主义哲学思想的起源，是认识物质世界、改造物质世界、利用物质世界的最基本、最朴实的原理。五行学说认为：宇宙中一切物质，无论多么复杂和变化多端，都离不开、超不出木、火、土、金、水这五种基本物质的范围。

哲学精粹《周易》

《周易》，也就是《易经》，是我国一部最古老而深邃的经典，是华夏五千年智慧与文化的结晶，被誉为"群经之首，大道之源"。在古代是帝王之学，政治家、军事家、商家的必修之术。

《周易》是靠演卦来预测吉凶的。卦象推演过程中的两个基本单位是"—"（代表"阳"），和"— —"（代表"阴"）。用三个这样的符号组成八种形式，叫作八卦。八卦互相搭配又得到六十四卦，用来象征各种自然现象和人事现象。下面我们看一下八卦的卦象。

乾：乾三连　坤：坤六断　震：震仰盂　艮：艮覆碗
离：离中虚　坎：坎中满　兑：兑上缺　巽：巽下断

值得注意的是，这里的每一卦都没有具体的内涵。也就是说，卦象不具体指什么，在不同的场合、不同的时间都会显示不同的含义，正所谓"随时而变，因地而化"。

《周易》中详细地记载了六十四卦的卦象、卦辞和爻辞，对中国文化的发展形成了深远的影响。到了西汉，儒家学派将《周易》与《诗》、《书》、《礼》、《乐》、《春秋》等奉为经典，并称"六经"。于是《周易》又被称为《易经》。

一说到《周易》，很多人的第一反应就是算卦、看风水。如果到大街上走一走，那些在大街小巷吆喝着给人算卦的人都称自己是用《周易》来给别人算命的。这样说的目的无非是让别人相信，自己不是在胡说八道，招摇撞骗，而是有理论依据的。至今还有很多人有疑问：《周易》真的这么神吗？它算出来的到底准不准？

不错，《周易》的确是一部用于占卜的书。在古代社会中，生产力不发达，人们对于周边发生的事情无法解释，无法操纵，更无法预测，于是就通过这种方式来为自己的行为找一个理由。卦象吉，证明这件事可以干；卦象凶，则证明这件事不能干，要有意识地去规避。说到底，这是远古的人们用以观察世界、解释世界的一种方式，而不能用所谓的"迷信"一概论之。

何况，《周易》对后世产生影响的，并不是它的预测吉凶的准确度，而是它预测的方式和方法，也就是阴阳思维和演卦的方式。单纯地用《周易》来占卜吉凶的做法，不仅今天我们不相信，古人也是不相信的。《五经注》这样批判《周易》："其失也，贼。"意思是说，学会用《周易》演卦的人，如果不走正路，就会变成旁门左道，贼头贼脑，招摇撞骗，像贼一样把别人手里的东西忽悠到自己腰包里。这种东西，古代称为"术"。这样，从《易经》到《易传》，《周易》逐渐有了"学"和"术"之分，到最后甚至泾渭分明。"学"是指有关天地人生的大道理："术"则是算卦的技法。"学"的著作，历代史籍中列入经学类的子部，十分尊崇；"术"的著作则列入"术数类"，杂部，是被轻视的。

另外，《易传》是对《易经》的解释和发挥。《易传》共分十篇：《彖》上下、《象》上下、《文言》、《系辞》上下、《说卦》、《序卦》、《杂卦》。如果说《易经》是教科书，那么，《易传》就是这本教材的辅导工具书。所以，《易传》的十篇又称为"十翼"。"翼"就是"翅膀"的意思。没有《易传》提供的这十个"翅膀",《易经》这只大鸟根本飞不起来。

至于《易传》的作者,现在已经无从考证了,据说是孔子写的。孔子读《易经》,颇有心得,于是就把自己的读书笔记汇编成册,起了个名字就叫《易传》,以区别于《易经》。也有人对此表示怀疑,认为《易传》形成于战国时代,而不是孔子生活的春秋时代。因为从内容风格上看,《易传》和《论语》差得太多,很难想象是出自孔子之手。但不管怎样,《易传》成书应该比《易经》晚了数百年乃至上千年,无论在内容还是行文风格方面,都存在着很大的差别:《易经》文风比较简朴,专门用来演卦预测吉凶,目的性比较强;《易传》的文风就比较抽象,已经不是用来占卜,而是通过解释《易经》中的卦象来阐发宇宙、社会等的道理了。

阴阳交合之道

我国古代作为哲学概念的"道",是对"阴阳"、"五行"这些哲学对象在性质上有所断定的逻辑概括。万物的本源出于"五行","五行"出于"阴阳",而"阴阳"则出于"道"。"道"为一,"阴阳"为二,"五行"为三,"万物"为万,于是就有"道生一,一生二,二生三,三生万物"之说。这一学说的本质不同于三代以前的"天命论"。"地法天,天法道,道法自然","道"论的提出是建立在自然界自组织运动之上的,以自组织运动为宇宙发生乃至万物化生的根本动力。这种自组织的动力完全来自于"道"。从宇宙万有的构成上说,"道"为"有物混成"的实体;从宇宙万有的发生上说,"道"为最高本源;从宇宙万有的变化上说,"道"为总的法则。

"一阴一阳谓之道",这句话出自《易传》,是中国哲学关于世界观的直接表达。后来宋朝的理学家程颢在为这句话注解的时候又加上了一句:"离开阴阳更无道。道不在阴阳之外,更不在阴阳之上,而是内在地体现在阴阳交合的过程中。"

中国人的阴阳观直接塑造了我们这个民族的思维方式。在我们中国人看来,最后操纵这个世界的不是单一的东西,而是"阴"、"阳"这两个相反相成的东西。"阴"和"阳"都是"道",但又都不是"道","道"不能来自"阳",也不能来自"阴",而只能来自二者的相生相克。阴阳相互牵制,相互抵触,但又谁也离不开谁。没有"阴",无所谓"阳";没有"阳"也不会有"阴"。二者相生但又相克,所以构成了永恒的运动,产生了万物。所以,在我们的文化里没有出现"老子天下第一,包揽天下"的局面,归根到底是因为我们的文化打造的思维不是线形的,而是阴阳式的,向来排斥独断的、本原性的东西。

《周易》中的"时中"

"时中"一词最早出现于《周易》"蒙"卦的《象传》:"蒙,亨。以亨行,时中也。"意思是说,蒙卦表示希望亨通。所以，以通来行事，是符合蒙这个时机的。所谓"时中"的原则，主要有两方面的含义：一是要"合乎时宜"，二是要"随时变通"。中而非时，不谓之中。同样，时而不中，更不谓之中了。所以，《易传·系辞》中说："君子藏器于身，待时而动，何不利之有？"时机不对你就要隐忍待发，这叫作"潜龙勿用"；时机成熟之际则要果断行动，不能拖泥带水，正所谓"见龙在田"。

《论语·宪问》中记载着这样一件事：有一天，孔子向公明贾打听公叔文子的为人，说：听说公叔文子不说话，不笑，不拿东西，是这样吗？公明贾回答说：这完全是传话人说错了。"夫子时然后言，人不厌其言；乐然后笑，人不厌其笑；义然后取，人不厌其取。"意思是说，公叔文子是该说时才说，所以人们不讨厌他的话；高兴时才笑，所以人们不讨厌他的笑；该拿的才拿，所以人们不讨厌他的取。孔子听了很为赞赏，连连问："真是这样吗，真是这样吗？"公叔文子的言、笑、取，可说是合乎"时中"原则的。

《周易》中的"易"字

在《古汉语辞典》里，"易"有双重意思：1. 变化；2. 容易。这就是中国文字的魅力，一个同样的字可能有不同的含义，而且按照哪一种含义讲都可能说得通。起先，《周易》、《易经》、《易》，西方有人翻译为 The Book of Change，意思是"讲变化的书"。但是"易"不但讲"变易"，也讲

"不易",或者说是讲"变易的不易之道",这里的"不易"是指"不变化",还是指"不容易"呢?西方人糊涂了,到最后干脆不译,就直接用汉语拼音"Yi Jing"做书名,算是"易"的一种巧译。结果让我们大开眼界的是,这种"不易"又做了一次语言游戏:不译,不易,是译,是易。按照传统的说法,《周易》中的"易"有三义:简易、变易、不易。"简易"中的"易"应为"难易"之"易"。所谓的"简易"就是简单、容易的意思。这是说《周易》中的全部卦象都由阴阳两爻构成,构成单位是简单的,入门并不难。所谓的"变易",指的则是一切皆变,永无止境。在这里,你看不到任何现成的东西,也找不到任何支点,看到的只有此消彼长,潮起潮落。一切都在变化中产生,一切又都在变化中消亡。所谓"不易",其实就是说"不容易"。即使你知道了阴阳之间是相生相克、变化无穷,也无法把握其中的奥秘。因为《周易》中的卦象不仅代表事物,还代表四时、四方、五行。含义多重,使得破解卦象的确切含义变得扑朔迷离。

《周易》中的"周"

关于《周易》中的"周"字,向来也有着很多分歧。有人说,"周"字指的是周朝。唐人孔颖达就是这么认为的。他认为,《周易》中的"周"不过是一个地理-时间概念,意为"周朝所著之书"。但汉朝的郑玄不这么认为。郑玄说,夏朝、商朝、周朝都有自己的占卜著作。夏朝的是《连山》,

商朝的是《归藏》，周朝的是《周易》。但我们现在见到的只有《周易》，夏之《连山》和商之《归藏》都已经失传了。但这里的问题是：《连山》和《归藏》都不以朝代命名，为什么《周易》之"周"字偏偏要解释为"周朝"呢？所以，郑玄认为，《周易》之"周"不是一个时期概念，而是由这本书的精神实质所决定的。它传达了《周易》中的另一个思维特征——周而复返，循环往复，流动不止。正如《易赞》中所说的："《周易》者，言易道周普无所不备"。《周易》最终还是落在了"易"和"周"两个字上。如果说"易"强调的是"一切皆变"的阴阳互动，那么，"周"体现的则是首尾相接的圆形结构。其实，六十四卦的卦象早已经说明了这一点。六十四卦本来就是循环往复的封闭系统，即从乾和坤这一最简单、最直接的矛盾开始，经过不同的组合和变换，最后到既济和未济两卦完成。但令人深思的是，这一过程的结束恰恰是另外一个过程的开始，因而六十四卦的最后一卦叫作"未济"。意思是说，这还远远没有结束。这也是在提醒我们：旧的矛盾解决了，新的矛盾又开始了。

《周易》的三重境界

孔子区分研究了《易经》的三种境界："赞"、"数"、"德"。"赞"是最低的层次，仅仅知道按照《易经》中的规则演卦预测吉凶，这种人把《易经》当成了说明书，就像我们今天的各种电器的说明手册一样。从事这个行当的是

"巫"。"数"是第二个层次，就是在研究《周易》的过程中感受到了无穷无尽的变化，看到了数的推衍，领会到了演卦作为一种游戏实在高深莫测。能够领会到这一层次是"史"。而"德"是最高的层次，是从中微言出来的大义，领会其中道理的是君子，他们很少祭祀，而是靠德行求福；他们很少卜筮，而是以仁义求吉。正因为此，孔子把自己和那些以占卜求吉凶的巫祝区别了开来。他说，自己和巫祝都在研究《易经》，但目的是不一样的，是同归而殊途。巫祝卜筮是为了祈福避难，而自己研究《易经》是为了"求其德"。"德"和"神灵"正是相对立的力量，前者属于人自己，而后者属于人之外的神灵。"德行"的取得要靠人自身的努力，而后者的取得正是要靠祭祀和祈祷。对外依赖越多，对自己的依靠也就越少。

《黄帝内经》

《黄帝内经》是中国历史上第一部阐述医学理论的书籍，是假托中华民族的先祖"黄帝"命名的。所以，这本著作的书名中有"黄帝"之名。但问题是，如何理解《黄帝内经》中的"内经"二字？

内经，不少人认为是讲内在人体规律的，有的人认为是讲内科的，但相关专家认为《黄帝内经》是一部讲"内求"的书，要使自己健康长寿，不要外求，要往里求、往内求，所以叫"内经"。

实际上《黄帝内经》整本书里面只有13个药方，药方很少。它的关键是要往里求、往内求，首先是内观、内视，就是往内观看我们的五脏六腑，观看我们的气血怎么流动，然后内炼，通过调整气血、调整经络、调整脏腑来达到健康，达到长寿。所以内求实际上是为我们指出了正确认识生命的一种方法、一种道路。这种方法跟现代医学的方法是不同的，现代医学是靠仪器、靠化验、靠解剖来内求的，而中医则是靠内观、靠体悟、靠直觉来内求。

《孙子兵法》

《孙子兵法》，是我国历史上第一部系统化理论化的军事著作，素有"兵学圣典"之称。在我国历史上，《孙子兵法》又称《孙武兵法》、《吴孙子兵法》、《孙子兵书》、《孙武兵书》等，其内容博大精深，思想精邃富赡，逻辑缜密严谨。据说《孙子兵法》为春秋末年的齐国人孙武（字长卿）所著，全书分为十三篇，是孙武赠送给吴王的见面礼。《汉书·艺文志》中则记载说孙子在见吴王的时候，所献上的仅为八十二篇中的十三篇，见吴王后又著问答多篇。晚至唐代，流传的孙子兵法共三卷，其中十三篇为上卷，还有中下两卷。《孙子兵法》注家杜牧认为，我们今天所看到的十三篇，是经三国时期的曹操之手删节的。

《孙子兵法》的意义，不仅仅在于它是一部军事著作，它更代表着炎黄子孙的智慧、思想、文化，是几千年华夏文化的结晶，是中华文明的智慧根基、源泉。现在《孙子兵法》已经被翻译成多国文字在世界各国流传。更为甚者，有的国家还为大学生专门开设课程，讲授这门看似古老但却常读常新的中国智慧结晶。早在20世纪70年代末，《孙子兵法》就被西点军校列为教学参考书。第一次海湾战争期间，《洛杉矶时报》记者采访时任美国总统的老布什时，发现其办公桌上摆着两本书：一本是《凯撒传》，另一本就是《孙子兵法》。美军进攻伊拉克的时候，每位士兵手里都备有一本《孙子兵法》，随时阅读，以备不时之需。可见西方人对中国古代兵法的热衷程度。

另外，中医治疗疾病的核心是阴阳，中国的兵法克敌制胜的观念也是阴阳。直到今天，中国社会各个领域无不打上了"斗争"的色彩。中国人把任何事情都愿意当作战争来看待。比如辩论，本是口舌之争，我们称为"舌战"。商业领域中的竞争我们称为"商战"。而最能代表中国式游戏的象棋和围棋，也是仿照"战争"来设计的。在法庭辩论中，起诉的一方发起的是进攻，辩护的一方是在防守……

中国人之所以对"斗争"如此偏爱，是因为"斗争"最能体现中国人的智慧。比如，在《孙子兵法》中，最高的智慧并不是"兵以诈立"的战术思想，也不是"兵者诡道"的用兵法则，而是一种"阴阳不测谓之神"的"无形"智慧。翻开《孙子兵法》，最高明的战略就是"微乎其微，至于无形"，最高明的战术则是"不战而屈人之兵"。所谓"微乎其微，至于无形"，是在告诉我们：在战争中切莫有"执着之心"。因为你一旦"执着"，必然有破绽，有破绽就有软肋，有软肋则战不能胜。所谓"不战而屈人之兵"，就是不费一刀一枪而平息战争，将战争化于无形。这估计是战争中最高明的战术了。因为这一思想已经是跳出战争来看待战争了。战争是在利益纷争面前迫不得已才采取的手段，既然如此，最高明的战争则是没有战争。所以说，"古之所谓善战者，胜于易胜也。故善战者之胜也，无奇胜，无智名，无勇功。"没有勋章的将军才是最好的将军，默默无闻的领袖也许才是最有智慧的领袖，正如庄子所说："至人无己，神人无功，圣人无名。"

《三十六计》中的阴阳学说

《三十六计》不像《孙子兵法》那样是一部专门的理论著作，而是采集兵家之"诡道"的谋略大全。它借助于阴阳学说中的太阴六六之数来总结古代军事史上的战争经验。按计名排列，原书共分六套，即胜战计、敌战计、攻战计、混战计、并战计、败战计。前三套是处于优势所用之计，后三套是处于劣势所用之计。每套各包含六计，总共三十六计。其中每计名称后的解说，均系依据《易经》中的阴阳变化之理及古代兵家刚柔、奇正、攻防、彼己、虚实、主客等对立关系相互转化的思想推演而成，将中国传统文化中的阴阳辩证思维发挥得淋漓尽致。正如《三十六计·总说》中的那句提纲挈领的话所说："六六三十六，数中有术，术中有数。阴阳燮理，机在其中。机不可设，设则不中。"

《三十六计》是我国古代兵家计谋的总结和军事谋略学

的宝贵遗产，为便于人们熟记这三十六条妙计，有位学者在三十六计中各取一二字，依序组成一首诗：金玉檀公策，借以擒劫贼，鱼蛇海间笑，羊虎桃桑隔，树暗走痴故，釜空苦远客，屋梁有美尸，击魏连伐虢。全诗除了檀公策外，每字包含了三十六计中的一计，依序为：金蝉脱壳、抛砖引玉、借刀杀人、以逸待劳、擒贼擒王、趁火打劫、关门捉贼、浑水摸鱼、打草惊蛇、瞒天过海、反间计、笑里藏刀、顺手牵羊、调虎离山、李代桃僵、指桑骂槐、隔岸观火、树上开花、暗度陈仓、走为上、假痴不癫、欲擒故纵、釜底抽薪、空城计、苦肉计、远交近攻、反客为主、上屋抽梯、偷梁换柱、无中生有、美人计、借尸还魂、声东击西、围魏救赵、连环计、假道伐虢。

第四章
诸子百家争鸣的繁荣局面

战国时期诸子百家争鸣，呈现出思想解放、人才辈出的局面，是中国两千多年封建社会中罕见的现象。它是我国学术思想的重要发展时期，这个时期，社会结构急剧变化，社会矛盾异常尖锐，兼并战争接连不断，文化思想空前活跃。中国伟大的思想家大多出现于这个时代，构成了中华文明的精华和基础。

诸子百家

诸子百家是先秦至汉初各个学派的总称。诸子即指各家的代表人物，亦指他们的代表作；百家即指各学派。诸子，大部分都生活在先秦的春秋战国时期，所以又称为先秦诸子，指的是那些在当时影响深远的思想家，包括孔子、孟子、墨子、荀子、老子、庄子、列子、韩非子、商鞅、申不害、许行、告子、公孙龙、惠子、孙武、孙膑、张仪、苏秦、田襄子、慎子、尹文、邹衍、晏子、吕不韦、管子、鬼谷子等人物。"子"是当时对人的尊称，所以这些思想家的名字最后一个字都是"子"。比如，孔子名丘，也就是叫孔丘，孔子只是尊称；孟子名轲，也就是叫孟轲。老子名聃，所以叫老聃……

以这些人物为代表所产生的思想派别，古人称为"百家"。其实，"百家"是一种夸张的说法，实际上并没有所谓的100个思想派别。按照司马迁的父亲司马谈的划分，主要包括儒家、道家、法家、墨家、阴阳家、名家这六家。后来，刘歆在《七略》中，又在司马谈划分的基础上，增加了"纵横、杂、农、小说"四家。所以，班固在《汉书·艺文志》中沿袭刘歆的说法，并认为："诸子十家，其可观者九家而已。"后来，人们去掉了"小说家"，将剩下的九家称为"九流"。

自此，中国古代学术界都依从班固，百家就成了"九流"。吕思勉先生在《先秦学术概论》一书中又将"兵"、"医"两家纳入了"百家",认为:"故论先秦学术,实可分为阴阳、儒、墨、名、法、道、纵横、杂、农、小说、兵、医十二家也。"

法家学派

法家是春秋战国时期"百家争鸣"中主张"法治"的一个学派。韩非子之前,法家分成三派:第一派以慎到为首,主张在政治与治国方术之中的"势",即权力与威势最为重要;第二派以申不害为首,强调"术",即政治权术。第三派以商鞅为首,强调"法",即法律与规章制度。韩非子综合了三家观点,成了法家的集大成者。他认为,"法"、"术"、"势""不可一无,皆帝王之具也"。明君如天,执法公正,这是"法";君王驾驭人时,神出鬼没,令人无法捉摸,这是"术";君王拥有威严,令出如山,这是"势"。

中国历史上第一个统一王朝——大秦帝国,就是法家思想的试验田。秦国正是将法家思想奉为神明,才得以在诸侯混战的战国时代脱颖而出,最终消灭六国,统一天下。而也正是法家,把大秦帝国打造成了一个对内疯狂镇压,对外野蛮扩张的战争机器。这部机器高效率地运转着,将秦帝国推上了历史的巅峰,也将其带入了谷底。它摧毁了六国,但最终它还是摧毁了自己。大秦帝国仅仅存活了15年便轰然倒塌,在一定程度上证明了法家思想作为国家正统思想的失败。到了汉武帝时期，独尊儒术，罢黜百家，将儒家奉为了正统。其实，帝国政治的内核还是法家，正所谓"内法外儒"。外儒是给人看的，是面子工程；而内核却是法家，是秘而不宣的驭人法宝。可是，这种思想不能说出来，属于旁门左道，登不了大雅之堂，所以只能受委屈了。

法家思想家韩非子

韩非子（约公元前281—前233年），为韩国公子，法家思想的集大成者。韩非师从荀子，但思想观念却与荀子大不相同，他没有承袭儒家的思想，却"喜刑名法术之学"，"归本于黄老"，继承并发展了法家思想，成为战国末年法家之集大成者。韩非身为韩国公子，目睹韩国日趋衰弱，曾多次向韩王上书进谏，希望韩王安励精图治，变法图强，但韩王置若罔闻，始终都未采纳。这使他非常悲愤和失望。他从"观往者得失之变"中探索变弱为强的道路，写了《孤愤》、《五蠹》、《内外储》、《说林》、《说难》等著作，全面、系统地阐述了他的法治思想，抒发了忧愤孤直而不容于时的愤懑。

后来这些著作流传到秦国，秦王政读了《孤愤》、《五蠹》之后，大加赞赏，发出"嗟乎！寡人得见此人与之游，死不恨矣"的感叹。可谓推崇备至，仰慕已极。秦始皇为了见到韩非，便马上下令攻打韩国。韩王安原本不重用韩非，但此时形势紧迫，于是便派韩非出使秦国。秦王政见到韩非，非常高兴，然而却未信任和重用。韩非曾上书劝秦始皇先伐赵缓伐韩，由此遭到李斯和姚贾的逸害，他们诋毁地说："韩非，韩之诸公子也。今王欲并诸侯，非终为韩不为秦，此人之情也。今王不用，久留而归之，此自遗患也，不如以过法诛之。"秦王政认可了他们的说法，下令将韩非下狱审讯。李斯派人给韩非送去毒药，让他自杀。韩非想向秦始皇自陈心迹，却又不能进见。秦王政在韩非入狱之后后悔了，便下令赦免韩非，然而为时已晚。

"以法治国"

　　以法治国，是法家提出的口号，与儒家的"以德治国"形成了鲜明的对照。治国方案的不同，源于对于人性的理解不同。儒家坚持人性善，自然认为仅凭人的自觉和道德完善就能治理好国家。而法家则是坚持人性恶的主张，自然格外强调外在的强制。

　　比如，法家的代表人物韩非子认为，如果把一个国家的希望，把人性的改造寄托在人的"道德自觉"上，简直就是太幼稚、太浪漫了。国家的秩序需要一个统一的秩序，这就需要法，人性之恶唯有用外在的束缚才能中规中矩。所以，韩非子强调"霸道"，主张治理国家靠的根本就不是什么"道德"，而是代表着实力的"拳头"。"夫民之性，恶劳而乐佚。佚则荒，荒则不治，不治则乱，而赏罚不行于天下者必塞。故治民无常，唯法为治。"

"君道无为，臣道有为"

君道无为，臣道有为。这是法家代表韩非子在继承道家思想的基础上提出的一种"驭人之术"。他将老子的自然之道演化成了君王之道。主张君道无为，臣道有为，以无为驭有为，则是无为而无不为。

所谓"君道无为"，是指君主应该保持虚静无为的心态，遇事不表露自己的真实意图，做到"无为"、"无形"。老子说："损而又损，至于无为。"孙子说："微乎其微，至于无形，神乎其神，至于无声。"在这里也是一样，君道无为，就是让臣子无见其所"执"。这样，大臣们就无法猜测君心，因而也就觊觎不到君权。如果君王个个都像一个纯真的孩子，喜怒哀乐形于色，势必给手下人留下或小或大的辫子，抓其弱点者有之，投其所好者有之，君王就会变成玩偶了。

所谓"臣道有为"，是指君主不必事事躬亲，而是主动地将事情交给手下的大臣，发挥他们的积极性。其实，正是因为"君道无为"，才会有"臣道有为"。如果作为君王的管理者事必躬亲，不分轻重，都横加干预，大臣的作用又显现在哪里？从管理的角度看，管理一个国家和管理一支军队没有什么区别。最为高明的将领是那种不显山、不露水的将军，而不是一马当先，冲锋在前的。《道德经》中说："圣人处无为之事，行不言之教。"《孙子兵法》曰："古之所谓善战者，胜于易胜也。故善战者之胜也，无奇胜，无智名，无勇功。"这里，所说的道理只有一个：没有勋章的将军才是最好的将军。治理国家也是如此，力挽狂澜，扶大厦之将倾的领导不是最好的领导者，头上满是光环的君王也不是最好的君王。真正的高手不会时时刻刻都发挥关键作用，他们"求之于势，不责于人"，经常充当幕后英雄，是无冕之王。

商鞅变法

商鞅变法是商鞅于公元前356年在秦国实施的改革，对战国末年秦国的崛起起了重要的作用。

商鞅变法，是对秦国现行体制的全面翻新，是对社会财富和资源的重新分配，主要包括以下几个方面：奖励军功。"宗室非有军功论，不得为属籍。"这条法令从根本上打破了贵族凭借血缘优势世袭政治地位的局面，而且以军功为标准对国家财富和利益重新进行分配。"明尊卑爵秩等级，各以差次名田宅、臣妾、衣服。有功者显荣，无功者虽富无所芬华。"社会地位也是用军功来衡量的，而不是以财富来衡量。求本务农，逐末抑商。"为田开阡陌封疆而赋税平"。废井田、开阡陌，按照田地面积统一收取赋税。"致力本业，耕织致粟帛多者，复其身；事末利及怠而贫者，举以为收孥。"致力于本业，耕田织布、生产粮食布匹多的人，免除他们的赋役。不务正业因懒惰而贫穷的人，全家收为国家奴隶。"令民为什伍而相收司、连坐，告奸者与斩敌首同赏，不告奸者与降敌同罚。"这就是所谓的"保甲制"和"连坐法"。

即将庶民按户编组，五家为保，十户相连，一人作奸犯科，所有人都逃脱不了干系。"为私斗者，各以轻重被刑大小。"就是不准打架斗殴，否则予以严惩。

墨子、墨家学派

墨子名翟（dí），又称墨翟，鲁国（滕州）人。墨子是我国战国时期著名的思想家、教育家、军事家，墨家学派的创始人。创立墨家学说，并有《墨子》一书传世。主要内容有兼爱、非攻、尚贤、尚同、节用、节葬、非乐、天志、明鬼、非命等，以兼爱为核心，以节用、尚贤为支点。墨学在当时影响很大，与儒家并称"显学"。墨子死后，墨家分为相里氏之墨、相夫氏之墨、邓陵氏之墨三个学派。

墨子精通手工技艺，可与当时的巧匠鲁班相比。他自称是"鄙人"，被人称为"布衣之士"。墨子曾做过宋国大夫，自诩说"上无君上之事，下无耕农之难"，是一个同情"农与工肆之人"的士人。墨子曾经师从于儒者，学习孔子之术，称道尧舜大禹，学习《诗》、《书》、《春秋》等儒家典籍。但后来逐渐对儒家烦琐的礼乐感到厌烦，最终舍掉了儒学，形成自己的墨家学派。在代表新型地主阶级利益的法家崛起以前，墨家是先秦和儒家相对立的最大一个学派。

墨子一生的活动主要在两方面：一是广收弟子，积极宣传自己的学说；二是不遗余力地反对兼并战争。墨家是一个有着严密组织和严密纪律的团体，最高领袖被称为"巨子"，墨家的成员都称为"墨者"，必须服从巨子的指令，听从指挥，可以"赴汤蹈火，死不旋踵"，意思是说至死也不旋转脚跟后退。为宣传自己的主张，墨子广收门徒，一般的亲信弟子就有数百人之多，形成了声势浩大的墨家学派。墨子的行迹很广，东到齐、鲁，北到郑、卫，南到楚、越。

墨家，是战国时期墨子开创的一种学术派别。前期墨家在战国初即有很大影响，与杨朱学派并称显学。它的社会伦理思想以兼爱为核心，提倡"兼以易别"，反对儒家所强调的社会等级观念。它提出"兼相爱，交相利"，以尚贤、尚同、节用、节葬作为治国方法。它还反对当时的兼并战争，提出非攻的主张。它主张非命、天志、明鬼，一方面否定天命，另一方面又承认鬼神的存在。前期墨家在认识论方面提出了以经验为基础的认识方法，主张"闻之见之"、"取实与名"。它提出以三表作为检验认识正确与否的方法。

后期墨家汇合成两支：一支注重认识论、逻辑学、几何学、几何光学、静力学等学科的研究，是谓"墨家后学"（亦称"后期墨家"），另一支则转化为秦汉社会的游侠。前者对前期墨家的社会伦理主张多有继承，在认识论、逻辑学方面成就颇丰。后期墨家除肯定感觉经验在认识中的作用外，也承认理性思维在认识中的作用，对前期墨家的经验主义倾向有所克服。它还对"故"、"理"、"类"等古代逻辑的基本范畴作了明确的定义，区分了"达"、"类"、"私"等3类概念，对判断、推理的形式也进行了研究，在中国古代逻辑史上占有重要地位。

战国以后，墨家已经衰微。到了西汉时，由于汉武帝的独尊儒术政策、社会心态的变化以及墨家本身并非人人可达的艰苦训练、严厉规则及高尚思想，墨家在西汉之后基本消失。

兼爱·非攻

"兼爱、非攻"，是墨家提出的著名论断。"兼爱"是针对儒家的"仁爱"提出的，而"非攻"，则是针对战国时代诸侯各国之间连年厮杀、生灵涂炭的现实提出来的。就前者而言，墨家是人道主义者；就后者而论，墨家是和平主义者。

所谓"兼爱"，就是我们今天所说的博爱，是一种超越了血缘关系的人类之爱，不是爱而有差，而是爱而有兼，爱无差等。但墨子的"兼爱"理论是建立在实际利益或者说功利的基础之上的，显得很势利。比如，我为什么爱别人呢？很简单，因为我爱别人，别人才可能爱我。所以，为了自己的利益，我只能爱别人，而不是恨别人，只有这样，别人才能爱我，给我好处。所以，在墨子这里，所谓的"兼爱"，不是出自自己情感的自觉需要，而是出于实际利益的策略选择，是人际关系博弈的结果，是不得已采取的办法。所以，墨子说了"兼相爱"以后，后面还有一句话，那就是"交相利"。也就是我们今天所说的互惠互利，合作双赢。闹翻了，对谁都没有好处。

在墨子看来，战争是杀人的机器，战争之中，妇幼老弱一概难于幸免。然而，当时的王公大人，为了自身的利益，根本不顾人民死活，屡屡攻伐无罪之国。而这样的厮杀，对任何人都是没有好处的，它耗费了国家的钱财，削弱了国家的实力，牺牲了本国的农民，耽误了农业的生产。所以，大家都应彼此存有善意之心，行有义之事，做到"爱人如爱己身"，这样天下不但能够和平，而且彼此都能得到利益，何乐而不为呢？

墨家的"三表法"

墨家的"三表法"是对于名实之间的关系所做出的回答。他从实际的观点出发，认为根本就不存在天经地义和一成不变的"名分"。"名"应当与"实"相符合，做到"名副其实"。如何做到名副其实呢？《墨子·非命上》中说："有本之者，有原之者，有用之者。于何本之？上本之古者圣王之事。于何原之？下原察百姓耳目之实。于何用之？废（发）以为刑政，观其中国家百姓人民之利。此所谓言有三表也。"

所谓"本之"，主要是根据前人的经验教训，其依据是求之于古代的典籍；所谓"原之"，是"诉诸百姓耳目之实"，也就是从普通百姓的感觉经验中寻求立论的根据。"本之"是间接经验，"原之"是直接经验，都属于归纳法的范围。所谓"用之"，是将言论应用于实际政治，看其是否符合国家和人民的利益，来判断真假和决定取舍。

这里，第三表实际上是解答"为何思"的问题的，对此，墨子的回答是：为"刑政"之中"国家百姓人民之利"而思。第一表、第二表则是解答"怎么思"的问题的，墨子的回答是：思必有所本，必有所原，即思想一定要有根据，思维一定要合乎逻辑。所谓"古者圣王之事"和"百姓耳目之实"，便是墨子为人的思维所确定的两个逻辑前提，凡离开这两个前提而进行的思维，即被视为不合逻辑的思维，是无效思维。

非礼·非乐·非命

墨家和儒家本是一家。墨家的创始人墨子一开始就在孔门学习，后来因为和儒家的立场、观点不同，他才慢慢脱离了儒家，另起炉灶，创立了墨家。

那么，儒家和墨家到底在什么地方存在分歧呢？墨子有三句话颇能说明问题。第一句话是："厚葬久丧，重为棺椁，多为衣衾，送死若徙，三年哭泣，扶后起，杖后行，耳无闻，目无见，此足以丧天下。"第二句话是："弦歌鼓舞，习为声乐，此足以丧天下。"第三句话是："以命为有，贫富寿夭、治乱安危有极矣，不可损益也。为上者行之，必不听治矣。为下者行之，必不从事矣。此足以丧天下。"

通过三个"足以丧天下"，墨家亮出了自己"非礼"、"非乐"、"非命"的观点，也表明了自己和儒家针锋相对的立场。"非礼"就是反对儒家的繁文缛节。因为无节制的悲伤，会哭坏人的身体，长时间（三年之久）的戴孝服丧，不仅消磨了人的斗志，还耽误了农业生产。这样做，不仅对死去的人于事无补，对活着的人也没有什么好处。"非乐"就是反对儒家的"靡靡之音"。因为音乐是贵族少数人享受的奢侈品，而对于广大劳动人民而言，还没有吃饱肚子，根本没有闲心雅志去听美妙的音乐，去看缤纷的色彩，去享受烧烤的美味，去体验高台别墅的舒适。何况，外在的礼乐不仅奢侈，还毫无用处。一个人听什么样的音乐，穿什么样的衣服，和他的内心世界根本没有多大关联。"非命"就是反对儒家的"天命"。因为儒家的"天命"是一种神秘力量，只会贬低人的积极性，让人消极颓废，自甘堕落。

名家思想学派

名家是春秋战国时期的一个思想派别。以善于辩论和语言分析而著称于世。作为一个思想流派而言的"名家"，它的思想与现代的汉语所说的"名家"是不同的。这个"名"不是有名的名、出名的意思，而主要是指事物的名称、概念。由于种种原因，名家这个学派后来几乎没有了继承人，一般人在谈到先秦诸子的时候，甚至还有可能忽略它。首先正式提出"名家"这个说法的，是汉代的学者。司马谈在《论六家要旨》中，把先秦诸子学分成了六个学派，其中就有"名家"在内。

语言和世界的关系，也是战国时期百家争鸣的一个焦点。其中，对此颇有论述的有儒家、道家、墨家和名家。儒、墨、道三家可以看为一类，因为他们谈论语言的立足点都是一样的，即语言（名）和世界（实）的关系，尽管他们的观点有所不同。可是，名家却是一个另类，因为它不探究名实关系，而是把注意力集中在了语言本身上，从而玩弄起了语言的概念，利用语言本身做起了游戏。名家关注的不是语言所寓含和表达的内容与意义，而是看重语言本身的逻辑技巧，从而形成了中国古代历史上著名的诡辩论。邓析、公孙龙、惠施这些人物也因此而出名。

张仪、苏秦、纵横家

张仪，魏国大梁（今河南开封市）人，魏国贵族后裔，曾随鬼谷子学习纵横之术。其主要活动应在苏秦之前，是战国时期著名的政治家、外交家和谋略家。

战国时期，张仪相秦。他在商鞅变法的基础上，"外连衡而斗诸侯"，与秦国的耕战政策相配合，运用雄辩的口才，诡谲的谋略，纵横捭阖，游说诸侯，建立了诸多功绩，在秦国的政治、外交和军事上成为举足轻重的人物。他在风云多变的险恶环境中，主要凭借外交手段，采用连横策略，"散六国之从，使之西面事秦"，使秦国的国威大张，在诸侯国中产生了巨大的威慑作用。张仪使用军事和外交手段，使得秦国"东拔三川之地，西并巴、蜀，北收上郡，南取汉中"，这对秦国的霸业和将来的统一六国起了积极的作用。

秦惠文王十四年（前311年），秦惠王卒，子秦武王即位。张仪素为秦武王所不满，离秦赴魏，秦武王二年（前309年）卒于魏。

苏秦，战国时东周洛阳（今河南洛阳东）人，字季子。自称"进取之臣"，"以不复其常为进者"。早年游说诸侯。后为燕昭王亲信，受命使齐，从事反间活动，使齐疲于对外战争，以造成"弱燕敌强齐"的形势。齐湣王末年任齐相，劝湣王勿与秦称东西帝，使秦亦废帝号。与赵奉阳君李兑共同约燕、齐、韩、赵、魏五国合纵攻秦。赵封为武安君。秦国知道这个消息后大吃一惊，竟有十五年之久不敢越函谷关雷池半步，并归还所夺魏地温（今河南温县西南）、轵（今河南济源市南）、高平（今河南济源市西一南），归还所夺赵地王公、符逾。后燕将乐毅大举攻齐，其反间活动暴露，被车裂而死。《汉书·艺文志》纵横家类著录《苏子》三十一篇，现已佚失。帛书《战国纵横家书》保存其书信和游说辞十六章。《战国策》和《史记·苏秦列传》所记年代及事迹紊乱，仅可参考。

纵横即合纵连横。纵横家是战国"诸子百家"中的一家，战国时以从事政治外交活动为主的一派，是诸子百家之一，以擅长外交辞令和游说谈判著称。

时势造英雄。战国时代的弱肉强食和野蛮厮杀让纵横家登上了历史舞台。他们游走于各国诸侯之间，以布衣之身庭说诸侯，动之以利害，晓之以大略，推行自己的政治主张。他们时而以三寸之舌退百万雄师，时而以纵横之术解不测之危。苏秦佩六国相印，连六国逼秦废弃帝位。孟子评价苏秦说："一怒则诸侯惧，安居则天下息"。张仪雄才大略，以片言得楚六百里，最后协助秦国推行"远交近攻"的战略，最终消灭了其他六国，统一了天下。

第一次世界大战以后，德国著名学者斯格宾格勒在《思想的没落》一书中高度赞扬中国的纵横家，认为具有实际的借鉴价值。20世纪70年代，美国著名外交家就深受《思想的没落》一书的影响，甚至有人称基辛格是现代的苏秦、张仪。

百 家 争 鸣

《庄子·天下》篇的关键之语"道术将为天下裂"，形象而深入地描绘出周代学术发展的轨迹。庄子后学眼中的"道术"向"方术"的转变，实质上就是学术由"混沌"状态向细化状态的发展进化，也正对应了王官之学向诸子之学的转化。这是时代的进步，是学术发展的必然。

《庄子》中最后一篇叫作《天下》，称得上是最早研究总结春秋战国各学术流派的文章之一，该文开篇在回顾了周代"《诗》以道志，《书》以道事，《礼》以道行，《乐》以道和，《易》以道阴阳，《春秋》以道名分"的学术一统之后，笔锋一转，言"天下大乱"，道德从此不再统一，学者们多各有一见，各执己端，就像是耳朵、眼睛、鼻子、嘴巴，各有自己的用场，又像是百工技艺，各有自己的用途，但谁也不能包容全体，这也就是"道术将为天下裂"，道术因天下的分崩离析也被弄得分道扬镳了。

"道术将为天下裂",是对春秋战国时代诸子百家学术争鸣的一个写照。而这种"裂",其实不是别的,恰恰是诸子们主动、自觉地探讨社会人生、独立创造思想体系的一个表现,是他们高涨的理性精神充分发挥的一个结果。在这种情况下,"裂"是必然的:有"裂"就有冲突,有对立,有辩难,有反驳,有攻乎异己,有强调己意,这样,"裂"又必然是要加剧的。"裂"的结果是"完整"、"全面"的打破,是片面、极端的强调,用荀子的话来说就是各有所"蔽",却也是各方面学理在各自不同角度中的深化,分别形成不同的理论体系,经过这个分裂、碰撞、对立、互补、深化的过程,待它们再被统一到一起的时候,学理就该上到了一个新的"台阶"。

"道术将为天下裂"的结果,自然就是"百家争鸣"。面临着春秋战国之际社会结构的急剧变动,新的问题层出不穷,固有礼法已经失去了"权力话语"和意识形态霸权,每个有志于重新设计社会人生秩序的知识分子都跃跃欲试,纷纷提出自己的方案。他们每个人经历不同,感受不同,志趣不同,学术来源不同,立场不同,又没有正统约束,自然可以随心所欲阐发学理,发表见解。他们著书立说,互相论战,出现了学术上的繁荣景象,后世称为百家争鸣。

百家争鸣,也许并没有争论出一个标准答案。这场争论的意义,也许就是他们争论的问题本身。比如,什么是永恒?什么是无限?什么是幸福?什么是自由?人生的意义在哪里?人性是善的还是恶的?语言和世界的关系是怎样的?如此等等,都没有答案,而且,它们也不是因为时代的局限而没有答案,而是永远都不会有答案。它们不是因为回答这些问题的人愚笨而得不出答案,而是无论多么聪明的人也得不出答案。这样的问题,有一个术语专门来称呼,那就是"哲学问题",而用自己的脑袋无聊地回答这些问题的人,我们也有一个专门的称呼,那就是"哲学家"。而我们这里所讲到的百家争鸣,就是一堆哲学家围绕着一堆不能回答的问题展开的讨论。正因为这些问题没有固定的答案,所以才有了不同的回答,形成了不同的派别,才有了"诸子百家"。

第五章
中国古代儒学的繁荣局面

在中国灿烂的文明发展历史进程中,儒家思想是极其重要的一条支流,就像长江注入大海那样,几千年来不断为中华文明注入活力,并沉淀出了深厚的内涵文化。从汉代被立为正统之后,儒家思想一直是中国传统文化的内核,也是维护封建君主专制统治的理论基础。

仁、义、礼

翻开《论语》，经常跳到我们眼睛里的一个字，就是"仁"。可是，"仁"到底是什么意思呢？《论语》中出现的"仁"字多达66处，孔子却没有在一处给出定义！孔子有时候说："仁者爱人"，有时候说："孝悌，仁之本也"，有时候说："克己复礼以为仁"，有时候说："巧言令色，鲜仁矣"……这些看似相近，却实在没有一个准确意思的"仁"字，肯定会让我们这些现代人摸不着头脑。因为这里根本就没有一个权威的和概念上专一的定义，以至于我们无法厘定"仁"的内涵和外延，更无法去区分什么是"仁"，什么才是"不仁"！

"仁"之所以没有一个明确的定义，是因为在孔子看来，"仁"归根到底不是一个说的问题，而是一个做的问题。在不同的语境中，在不同的时机中，会因为对象不同，而呈现不同的意义。一件同样的事情，可能此时是"仁"，彼时就不是"仁"了。一个同样的准则，可能对子贡是"仁"，对子路就不是"仁"了。"仁"看似简单，其实在实践中是很难把握的。你不可能一劳永逸地抓住它，然后照本宣科地去实践。其实，当你抓住它的时候，它恰恰就没有了。正因为此，当司马牛向孔子讨教什么是"仁"的时候，孔子说："仁者，其言也讱。"讱同刃，刀刃也。要想说出什么是"仁"，无异于去刀刃上行走，太艰难了。

义是儒家道德的"五常"之一。孟子非常重视义，把义提升到与仁对等的地位，认为义是人心固有的善端，它和"仁、礼、智"一道构成了人区别于动物的道德性。是人们提高德行、成就理想道德人格的逻辑起点。

在儒家看来，在人生的历程中，义始终是人们的价值向导，义要求人们不贪利，不畏势，不媚俗，做一个有道德自觉心、有尊严、有主体独立精神的人，而不是做一个被欲望所左右、被权势所奴役的人。孟子还要求人们集义而养成浩然之气，做一个顶天立地的大丈夫，完成道德人格的塑造。当生命与道义发生冲突、要进行生义抉择的时候，孟子反对苟且偷生，主张慷慨就义，以生命最终完成自己的高尚道德人格。这是义的最高境界。所以说，义在孟子思想中，在心为德，施之为行，行之有道。

礼，即周礼，是周代的政治制度和行为规范，又是周人各种社会意识的集中体现。礼的内核是血缘的亲属关系，表现出来则是礼器和名分。

比如，殷人群饮，酒醴是不会专有的。到了周代，"器"才"求新"。"新"的意义是指什么呢？即用彝器表现一种政权的形式。这种"尊"、"彝"、"鼎"、"爵"在原来仅表示所获物如黍稷与酒食的盛器，后来由于超社会成员的权力逐渐集中在个人身上，它们便象征着神圣的政权，因而尊爵之称，转化为贵者的尊称，所谓"天之尊爵"。"尊"、"彝"只有贵族专享，故尊彝成了政权的符号。如果殷人群饮，即是乱制，下诰杀无赦！周公时代就把这种制度合法化。所谓周公作礼就是由宗庙的礼器固定化作氏族专政的宗礼，"礼不下庶人，刑不上大夫"，刑之所加便谓之"非彝"。这样看来，礼器就是所获物与支配权二者的合一体，由人格的物化转变为物化了的人格，换言之，尊爵就是富贵不分的公室子孙的专政形式。

礼器是周代氏族贵族专政的成文法。后来争夺礼器与争夺政权同等看待，所谓"问鼎"即抢政权之谓。"道"就是这样藏于"器"中，什么形而上和形而下者，都是玄谈。古代文明的实质，乃是"器惟求新"的专政。

中庸及中庸之道

"中庸"是儒家推崇的一种人生境界。在孔子眼里，"中庸"为天下之大道，既可修身，也能治国，更能处世。所谓"中"，就是不偏激，不走极端。猛烈的"质变"虽然也能达到平衡，却会付出沉重的代价。而"用中"，则是通过一种温和的"量变"将不利因素化解，将各种矛盾因素潜伏的危机消灭在萌芽状态。

值得特别注意的是，中庸之中绝对不能简单地理解为骑墙和中间地带。"中"不是僵死的，更不是绝对的，而是随着时间和外界情况的变化而变化的，所以，真正的"中"应该是"时中"，因"时"而"中"，因"地"而"中"。正如《中庸》中所说的："君子之中庸也，君子而时中；小人之中庸也，小人而无忌惮也。"宋代朱熹在注释"时中"时说："盖中无定体，随时而在，是乃平常之理也。"（《中庸章句集注》）即是说，"中庸"，是非简单、僵化的"中间地带"。也正因为此,"中庸"才是一种智慧,一种境界,一种高明的"处世之道"。正如《尚书》中所说的:"君子尊德性而道学问,致广大而尽精微,极高明而道中庸,温故而知新,敦厚以崇礼。"

中庸之道最初由孔子提出,后代圣贤多有研究和补充,发展至今已是一种很重要的道德观。宋代儒学大师朱熹在给中庸作注时说:"中庸者,不偏不倚,无过不及,看似平常之理,实则精妙至极。"

中庸之道的要旨大体上可从下面四句纲领性口诀去领会:"允执厥中"、"过犹不及"、"和而不同"、"所贵者权"是也(厥与其通,允执厥中即允执其中)。

所谓"执其两端,用其中于民"的"两端"是指矛盾对立的两极,只认识或者把握其中的任何一极,都将失诸片面,必须"叩其两端",从两端中作出优化选择,即求中是也。这就是说,在一个命题涵盖范畴的极端情况之间,总可以找到一个"发而中节",契合事物本质特征,整体效果最佳,各方接受程度最高,恰到好处的优化解答,这就是中。

中庸之道追求的中的确切位置,过头和不及是事物的两种极端化倾向,或者说两种错误倾向,孔子认为都不足取。譬如说,为人之道既不可好高骛远,也不应自暴自弃;既要追求理想,又须面对现实。为政过严或太宽都不好,"宽猛相济,政是以和。"(《左传·昭公二十年》)制订政策,借用现代政治语言讲,就是偏左(激进)和偏右(保守)都要犯错误。孔子主张凡事有度,抑其过,引其不及,归中道也。

"和"与"同",在汉语中可以是同义词,但在这里是有区别的。事物通过变革达到实质上的统一或调谐状态,叫作

"和"；掩盖或否定事物的矛盾，只求表面上的整齐一致，谓之"同"。

如前所述，孔子鄙视那种善恶不分、含糊苟且、两头讨好，见人说人话，见鬼说鬼话，"同乎流俗，合乎污世"（《孟子·尽心章句下》）的折中主义者，称之为"乡愿"，贬之曰"乡愿，德之贼也"。与"乡愿"迥异，中庸之道反对折中主义者的"同而不和"，赞成"和而不同"。中庸之道是求"和"之道，以"不同"为求"和"的前提和必然。

"情况在不断地变化"。中庸之道要求通权达变，因时、因地、因体制宜行事；是实事求是，一切从实际出发，富于灵活性，与时俱进的决策之道。

"中无定体，随时而在"。无过无不及的中，得之不易，但不会一成不变，随情况变化而随时变化。孔子说："君子之中庸也，君子而时中，小人而无忌惮也。"（《中庸章句》）"时中"，就是因应不同时机，揆情度势以求中。齐人有言曰："虽有智慧，不如乘势，虽有兹基，不如待时。"（《孟子·公孙丑上》）

从以上"允执厥中"、"过犹不及"、"和而不同"以及"所贵者权"（君子时中）四条纲领可见，中庸之道是一种从实际出发，与时俱进，追求最佳效果的科学方法论。其特点为反对走极端，主张在异见、对立之间寻求协调统一，找出对各方统筹兼顾，具有宽大包容性和广泛满意度的黄金中道，体现了和平理性、稳步渐进、损失最小、收效最大，以实现调谐为目的的优化决策路线。

家 国 天 下

"家国天下"的说法是从周王朝封建制度中来的。这里的"国"不是今天意义上的国家，而是指"邦国"或者"诸侯国"。而古代的"天下"，才是今天意义上的"国家"。古代之所以将家、邦国、天下并称，是因为三者在结构上是一样的。"家"中最基本的关系是"父子"，那么，"国"中最基本的关系是"君臣"，而且最基本的君臣关系就是由"父子"关系演变来的。从"家"到"国"，就像水的波纹一样，层层散开，最基本的规则不过是把"父父子子"推演为"君君臣臣"。一个家庭不过是浓缩版的邦国，而一个邦国，不过是放大了的家庭。国家，正是这么来的。

在"家"中，体现血缘亲疏关系的是五服关系，在"天下"，体现各诸侯国地位高低的则是宗法关系。五服关系也好，宗法关系也罢，归根到底都是血缘关系。血缘的亲疏远近是划分的标准，而亲疏远近又决定了地位的高低和权力的大小。无论是从血缘纽带还是在等级秩序上，都形成了一个金字塔式的盘根错节的结构。该塔的每个局部都可以被视为一个家族，而家族与家族之间又有着远近分明的血缘关系。

强调"血浓于水"的亲缘关系，强化了中国人的凝聚力和向心力，使得我们在社会这个大家庭和自己的小家庭内得到了情感依托，这是中国文化的一大特色，而另一方面，这种血缘关系又很不幸地和权力结合在了一起，造成了中国人几千年来的普遍压抑和专制制度。

知 行 合 一

知行关系，是中国哲学史上讨论的一个焦点问题。心学集大成者王阳明在贵阳文明书院讲学，首次提出知行合一说。所谓"知行合一"，不是一般的认识和实践的关系。"知"，主要指人的道德意识和思想意念。"行"，主要指人的道德践履和实际行动。因此，知行关系，也就是指的道德意识和道德践履的关系，也包括一些思想意念和实际行动的关系。王阳明的"知行合一"思想包括以下两层意思：

一、知中有行，行中有知。王阳明认为知行是一回事，不能分为"两截"。他说："知行原是两个字，说一个工夫。"从道德教育上看，他极力反对道德教育上的知行脱节及"知而不行"。在王阳明看来，道德意识和道德行为是密不可分的，二者互为表里，不可分离。知必然要表现为行，不行不能算真知。道德认识和道德意识必然表现为道德行为，如果不去行动，不能算是真知。由此，王阳明得出结论：良知，无不行；而自觉的行，也就是知。

二、以知为行，知决定行。王阳明说："知是行的主意，行是知的工夫；知是行之始，行是知之成。"他的意思是说，道德观念是人行为的指导思想，按照道德意识的要求去行动是达到"良知"的功夫。在道德意识指导下产生的意念活动是行为的开始，形成符合道德规范要求的行为则是"良知"的完成。

王阳明的知行合一主要是针对朱熹的理学的，与朱熹的思想相对立。程朱理学包括陆九渊都主张"知先行后"，将知行分为两截，认为必先了解知然后才能践行。王阳明提倡知行合一正是为了救朱学之偏。

三纲五常

我们经常说的"三纲五常"其实是由"三纲"和"五常"两个词合成而来的。所谓"三纲"，即"君为臣纲"、"父为子纲"、"夫为妻纲"。这就要求为臣、为子、为妻的必须绝对服从于君、父、夫。同时，君、父、夫也要为臣、子、妻作出表率。它反映了中国古代社会中君臣、父子、夫妇之间的一种特殊的道德关系。所谓"五常"指的是"仁、义、礼、智、信"五种道德品质，用以调整、规范君臣、父子、兄弟、夫妇、朋友等人伦关系的行为准则。

在中国历史上，三纲、五常这两个词，来源于西汉董仲舒的《春秋繁露》一书。董仲舒认为，世界万物皆合于阴阳之道。具体到父子、君臣和夫妻而言，君臣为一合，君为阳，而臣为阴；父子为一合，父为阳，子为阴；夫妻为一合，夫为阳，妻为阴。

阴阳和合的思想自古有之，本来没有什么褒义和贬义。可是，为了迎合当时官方统治的政治需要，董仲舒硬要在阴阳之间分出贵贱高低来。他的立场是：阳贵而阴贱，天数右

（佑）阳而不右（佑）阴。意思是说，阳天经地义就应该凌驾于阴之上，而阴就理所当然地作为阳的附庸而存在。就这样，中国古代宝贵的"和而不同"的思想，到了董仲舒这里，最终蜕变成了"三纲五常"。

儒学先驱周公

周公是周文王的第四子，周武王的同母弟，姓姬，名旦，亦称叔旦，因采邑在周，称为周公。他是西周时期的政治家、军事家、思想家、教育家，被尊为儒学奠基人和先驱，称为"元圣"。周公也是孔子最崇敬的古代圣人，《论语》中子曰："甚矣吾衰也！久矣吾不复梦见周公。"

据历史记载，武王克殷后两年死，嗣子成王继位。成王年幼，王叔周公旦以开国功臣的资格摄政。管叔鲜，蔡叔度心怀不满，散布谣言，说"周公将不利于孺子"，并鼓动纣王的两个儿子武庚、禄父联合诸侯国奄和淮水下游的东夷各族发动叛乱，背叛周室。周公奉命出师，东征三年才平叛这场叛乱，并将势力扩展至海。后建成周洛邑，作为东都，制礼作乐，并还政成王，在巩固和发展周王朝的统治上起了关键性的作用，对中国历史的发展产生了深远影响。相传他推行井田，制礼作乐，建章立制，主张"明德慎罚"。其言论见《尚书》等篇。

在哲学方面，周公最大的功绩就是制礼作乐，从而奠定了中国道德文化基调。所谓制礼作乐，就是制定和推行了一套维护君臣宗法和上下等级的典章制度，主要有"畿服"制、"爵谥"制、"法"制、"嫡长子继承"制和"乐"制等。其中最重要的是嫡长子继承制和贵贱等级制。在殷商时，君位的继承多半是兄终弟及，传位不定。周公确立的嫡长子继承制，即以血缘为纽带，规定周天子的王位由长子继承。同时把其他庶子分封为诸侯卿大夫。他们与天子的关系是地方与中央、小宗与大宗的关系。周公旦还制定了一系列严格的君臣、父子、兄弟、亲疏、尊卑、贵贱的礼仪制度，以调整中央和地方、王侯与臣民的关系，加强中央政权的统治，这就是所谓的礼乐文化。"礼"强调的是"别"，即所谓"尊尊"；"乐"的作用是"和"，即所谓"亲亲"。有别有和，个人和谐，国家也安定。

《礼记》中记载说，夏道尊命，殷人尊神，周人尊礼。三个民族，三种文化，而且一个比一个先进。所谓"尊礼"，其实就是重人事，重伦理，重情感，以礼仪代替刑律，以人情替代恐吓，以血缘为纽带，以爵列为赏罚。尽管周公制礼仅仅是出于维护统治的需要，但是，这种文化无疑比装神弄鬼、杀人如麻更迎合人心，因此大受欢迎。难怪孔子说："周监于二代，郁郁文乎哉，吾从周。"

千古圣人

孔子（公元前551—前479年），出身于西周末年一个没落家族的家庭。童年生活比较艰涩，用他自己的话来说是

"贫且贱"。意为既不富裕，社会地位也低。据说，孔子出生的时候，父亲70岁，母亲才20岁，是老阳少阴所生。孔子三岁的时候，父亲就去世了，过了不久，他便跟随母亲回到了鲁国，自小住在曲阜。

鲁国是周公的封地，文化氛围非常浓厚。这对孔子产生了很深的影响。孔子把一生的志向归结为"复礼"，正是来自于对西周封建制度和礼乐文化的信心。他说："周虽旧邦，其命维新"，又说："郁郁文乎哉，吾从周。"就这样，孔子开创了以"仁"释"礼"的儒学，对中国文化产生了深刻的影响，从根本上奠定了中国文明的走向。正如宋朝一位诗人评价的："世无仲尼，万古长如夜。"

孔子一生"述而不作"，但他在世时已被誉为"千古圣人"，是当时社会上最博学者之一。后世尊称他为"至圣"（圣人之中的圣人）、"万世师表"。他曾修《诗》、《书》，定《礼》、《乐》，序《周易》，作《春秋》，所开创的儒学成了中国文化的主流。美国诗人、哲学家爱默生认为"孔子是全世界各民族的光荣"。1988年，75位诺贝尔奖的获得者在巴黎发表联合宣言，呼吁全世界"21世纪人类要生存，就必须汲取两千年前孔子的智慧"。

"儒"字的含义

儒，按照《中国大百科全书》中的说法，前身是古代专为贵族服务的巫、史、祝、卜。这些在古代都是"官世"，既是知识分子，又是政府的官员。这些人熟悉祭祀的仪式，因此是参与礼仪操持的文化人，相当于今天文化部门的小官。后来，王室衰微，这些操持"礼仪"的官师纷纷逃离，成了民间知识分子。我们今天所说的儒家、儒学，就是在这些人中兴起的，以孔子为代表。他们共同的信念是恢复"周礼"。在他们眼里，"演礼"不仅仅是为了养家糊口、拿点工资这么简单，而是纳入到了自己生命中去了，将它当作人生的事业来追求。在孔子看来，不是因为你是一个人，然后才去尊礼，恰恰相反，正因为你尊礼，才成为一个人。是否遵礼，不仅仅是一个繁文缛节的问题，而是野蛮人和文明人之间的区别性标志。遵循礼仪的人无疑就是被"文"所"化"的人，而那些不遵循礼仪的人，一定也是没有信仰、没有敬畏之心的野蛮人。正是对"周礼"的这种哲学式的理解，使得"儒"已经不仅仅是一个职业了，而成了一种思想和学术派别。所谓思想或学术派别，就是有着共同的世界观、人生观和价值观一个团体。他们因"志同道合"走在一起，对内学习切磋，教学互长，对外则传播、宣扬自己的学说。

儒家八派

孔子一生长期从事教育活动，学生众多，有所谓"弟子三千，贤人七十二"之誉。而孔子的思想学说体系所涉及的范围又相当广泛，孔门弟子对孔子言论和思想的理解不尽相同，难免会产生歧见。所以，孔子逝世以后，孔门弟子就开始逐步分化。到了战国的中后期，儒学在成为"显学"的同时，其内部也形成了八个不同的派别。儒家"八派"之说，始见于《韩非子》的《显学》篇："自孔子之死也，有子张之儒，有子思之儒，有颜氏之儒，有孟氏之儒，有漆雕氏之儒，有仲良氏之儒，有孙氏之儒，有乐正氏之儒。"

总之，战国时期的儒家八派，是当时"百家争鸣"中儒家内部出现的派别，它们之间的观点很不相同，但都自认为是代表了孔子的儒家思想。从以后的历史发展来看，主要是孟子的一派和荀子的一派影响颇大。

亚圣孟子

孟子（公元前 372—前 289 年），是中国古代著名思想家、教育家，战国时期儒家代表人物。著有《孟子》一书。继承并发扬了孔子的思想，成为仅次于孔子的一代儒家宗师，有"亚圣"之称，与孔子合称为"孔孟"。孟子远祖是鲁国贵族孟孙氏，后家道衰微，从鲁国迁居邹国。孟子三岁时丧父，孟母艰辛地将他抚养成人，孟母管束甚严，"孟母三迁"、"孟母断织"等故事，成为千古美谈，是后世母教之典范。

孔子生活在西周末年的春秋时期，这个时候，虽然王室衰微、诸侯坐大，但各路诸侯还能够勉强维持礼数。正因为此，孔子对恢复"周礼"一直很有信心。可是，到了孟子生活的战国年代，诸侯之间像动物一样厮杀和弱肉强食地争斗，让孟子对现实彻底失去了信心。孟子认为，正是人心的堕落和良知的泯灭，才造成了人的野蛮。于是，深受孔子影响的孟子认为，人之所以堕落，并不是因为人心天生就是坏的，而是人善良的本性被物欲蒙蔽了，而拯救社会最关键的就是恢复人的本性和仁义之心。由此，以"天将降大任于斯人也"自居的孟子，发展了孔子的"仁学"思想，提出了"人性本善"的理论，以及施行"仁政"、"王道"的政治理想和"民贵君轻"的民本思想，试图以此拯救乱世。

儒学宗师荀子

　　荀子（公元前 313—前 238 年）名况，字卿。和孟子一样，荀子也是儒家著名的代表人物，也是"受孔子之学，传儒家之业"。而且，荀子也是生活在"争于气力"的战国时代。唯一的区别是：孟子生长在齐鲁之地，而荀子却是生长在赵国。他们都对儒家思想进行了发挥和创造。用现在的术语来说，是儒家思想和战国的具体实际相结合的产物，是儒学在战国时代的新发展。

　　但和孟子的看法不同，荀子认为人性不是善的，而是恶的。在他看来，战国时代的血腥战乱，不是因为人的良知遭到了蒙蔽。相反，这恰恰是人性赤裸裸的展露。由此，荀子走的不是孔子关于"仁"的心性之学，而是关于"礼"的外王之道。如果说孟子将孔子关于"仁"的学说加以发挥，强调个体的心性修养，那么荀子则沿着孔子关于"礼"的理论进一步阐述，强调群体秩序和实践的重要性。荀子的这一观点，直接影响了后来的法家思想。可以说，荀子本人所倡导的是儒家思想向法家思想的过渡。

两汉经学

如果说孔孟开创的儒学是儒学发展的第一阶段，那么，两汉时期的经学则是儒学发展的第二阶段。这个时期，天下一统，六合归一，统一的政权必然需要统一的思想。产生于宗教血缘的原始儒学便遭遇到了"大一统"的挑战。中央集权制度不仅扩大了人们政治生活的范围和视野，而且对以宗法、地域、血缘为核心的政治伦理理念产生了强大的冲击。在这种局面下，儒学要适应新的时代，必须对自身进行改造。

于是，以董仲舒和刘歆为代表的经学家，在原来儒家学说中引进了"阴阳"和"五行"的概念，并以此对儒学进行改造。以董仲舒为代表的今文经学派侧重阴阳，将阴阳看成决定自然和社会的根本规律，建立了"天人感应"的儒学新模式，以此来为中央集权制度下的等级名分辩护。以刘歆为代表的古文经学派则侧重五行，他将邹衍"五行相克"的五德终始说改造成了"五行相生"的五德终始说，为新王朝代替旧王朝披上了"奉天承运"的外衣。正是由于这种改造，儒学得到了当时汉武帝的青睐，罢黜百家，独尊儒术，孔学遂成为官学，儒学便一步步从包含革命性的原始儒学转变为僵化的制度化儒学，匮乏创新却饱浸陈腐。

但反过来说，儒学的这种蜕化也是历史的必然。如果没有这种顺应时势的蜕化和改进，儒学估计在历史上消失了。如果孔子地下有知，会对董仲舒和刘歆对儒学的这种改造感到满意吗？会对儒学这种所谓的成就感到欣慰吗？真是不得而知。但是，董仲舒和刘歆毕竟成功了，经过他们改造的儒学最起码比中途就衰落的墨家思想风光，比永远处于历史边缘的道家哲学风光，当然也比永远登不了大雅之堂的法家思想风光。

一代大儒扬雄

扬雄（公元前53—公元18年），字子云，西汉蜀郡成都人。西汉学者、辞赋家、语言学家。扬雄少时好学，博览多识，酷好辞赋。他口吃，不善言谈，而好深思。家贫，不慕富贵。40岁后，他始游京师。大司马王音召其为门下史，推荐为待诏。后经蜀人杨庄引荐，被喜爱辞赋的成帝召入宫廷，侍从祭祀游猎，任给事黄门郎。其官职一直很低微，历成、哀、平"三世不徙官"。王莽称帝后，扬雄校书于天禄阁。后受他人牵累，即将被捕，于是坠阁自杀，未死。后召为大夫。《三字经》把他列为"五子"之一："五子者，有荀扬，文中子，及老庄。"

扬雄是汉赋"四大家"之一，又是西汉末年的一代大儒，身兼文学家、思想家两种身份。扬雄一生历官汉成帝、汉哀帝、汉平帝及新朝王莽四帝，又是一位历经两朝，历官四代的耆宿。他文采焕然，学问渊博；道德纯粹，妙极儒道。王充说他有"鸿茂参圣之才"；韩愈赞他是"大纯而小疵"的"圣人之徒"；司马光更推尊他为孔子之后，超荀越孟的一代"大儒"。

"五行"高手刘歆

刘歆（公元前50—公元23年），西汉皇族，西汉古文经学的真正开创者，是中国儒学史上的一个重要人物。他最大的功绩则是将邹衍"五行相克"的五德终始说改造成了"五行相生"的五德终始说。他在《三统论》中列出了这种"相生"的顺序：包羲氏受木德，接下来的炎帝受火德，黄帝受土德，少昊帝受金德，颛顼帝受水德，喾帝受木德，尧帝受火德，舜帝受土德，禹帝受金德，殷商受水德，周代受木德，直至汉代受火德，恰好与"刘邦是赤帝之子、斩白蛇而起"的故事吻合。而且汉自诩为尧的后人，所以当时非常流行"汉为尧后"的说法。既然帝尧以火承木而接替了帝喾所开创的天下，那么，尧的后代刘邦以火承木接替周朝也就顺理成章了。

那么，如何解释朝代的更替呢？这里面就大有文章了。邹衍的五德终始说强调"相克"。那么，一个朝代的灭亡就是被后一个朝代推翻的，是"征诛"；而刘歆的五德终始说重视"相生"，那么，一个朝代被后一个朝代所代替，不过是这个朝代出自好心将天下让给了下一个朝代而已，因此不存在灭亡的问题，而是高风亮节的"禅让"。

刘歆的五德终始说对后来的封建王朝产生了很大的影响，以至于历朝历代的君主都不得不重视"运数"。所以我们看历史剧或者读历史书，皇帝的诏书第一句话就是"奉天承运"。何为"奉天承运"？就是说奉了天的旨意，合乎时代的运数。从此以后，中国历次同一民族间的改朝换代，无不沿袭这一传统，行禅让典礼。

谶纬神学

儒家思想自董仲舒的"天人感应"开始就蒙上了一层神秘的宗教面纱。这种神学化的发展趋势，终于导致了肇始于西汉后期至东汉达到鼎盛的谶纬神学。谶纬神学里面充斥着各种神秘的预言和隐语，这些东西糅杂在儒家经典当中，虽使儒学在一定程度上维持了正统地位，但是又造成了儒学内在的危机。当时的人普遍认为，六经与六纬的结合，才是孔子的全部教义。因为，儒家门生都要记诵谶纬，朝廷议事"对策"也要引用谶记。在政治思想、学术文化领域内，充斥着谶纬崇拜。

谶纬在汉代的儒学体系中，不是支流，更不是异端，而是与经学共享主导地位。谶纬在汉代儒学中的地位，我们可以从三个方面来理解：儒学完成了宗教化改造，孔子被尊为神秘的教主；《春秋繁露》与谶纬神学密不可分；对于儒家经典的解释，也以谶纬为归旨。比如，著名的白虎观会议的讨论记录，就是杂糅谶纬与经学，不仅直接称引谶纬，有时甚至是先纬后经。其泛滥程度及主导地位，由此可见一斑。

董仲舒复兴儒学

董仲舒（公元前179—前104年）汉代思想家、政治家。广川（今河北衡水）人。他是第二期儒学的代表人物。他对儒学的贡献在于，在儒学中引入阴阳观念，认为"物莫有不合，而合各有阴阳"，"天有阴阳，人亦有阴阳"。既然世界万物都是由阴阳交合构成的，那么它们服从的应该是一个"道"。就这样，他得出了"天不变，道亦不变"的结论，并在此基础上建立了"天人合一"的儒学新模式。

儒学之所以在汉代复兴，在很大程度上得益于董仲舒对儒学的改造。公元前134年，汉武帝下诏征求治国方略。董仲舒在著名的《举贤良对策》中系统地提出了"天人感应"、"大一统"学说和"罢黜百家，独尊儒术"的主张。董仲舒认为，"道之大原出于天"，自然、人事都受制于天命，因此反映天命的政治秩序和政治思想都应该是统一的。他把儒家的伦理思想概括为"三纲五常"。汉武帝采纳了董仲舒的建议，儒学开始成为官方哲学，并延续至今。正因为此，后人这样评价董仲舒：始推阴阳，为儒者宗。

宋 明 理 学

汉末，佛、道日盛，经原始儒学改造而成的汉儒系统又面临新的"挑战"。这种新的"挑战"不是来自社会政治，而是来自宗教信仰。因为汉儒之粗疏的"天人感应说"和"五德终始说"虽然可以解释政治伦理和朝代更替的问题，但无法解决生命之价值、存在之意义的问题。于是，在唐代儒、释、道三足鼎立的情况下，儒家要想在意识形态的斗争中维护自己的统治地位，就必须去迎接外来的佛教和本土的道教在信仰问题上的"挑战"。而宋明理学，正是这种迎接"挑战"的结果。

宋明理学亦称"道学"，指宋明（包括元及清）时代，占主导地位的儒家哲学思想体系，宋、明儒家的哲学思想。汉儒治经重名物训诂，至宋儒则以阐释义理、兼谈性命为主，因有此称。理学的创始人为周敦颐、邵雍、张载、二程（程颢和程颐）兄弟，至南宋朱熹而集大成，建立了一个比较完整的客观唯心主义体系。提出"理"先于天地而存在，其为学主张"即物而穷理"。与朱熹对立的为陆九渊的主观唯心主义，提出"宇宙便是吾心"的命题。明代，王阳明进一步发展陆九渊的学说，认为"心外无物"、"心外无理"，断言心之"灵明"为宇宙万物的根源，为学主"明体心"、"致良知"。此外，北宋张载提出的气一元论，与二程截然不同。明代王廷相以及清初的王夫之、颜元等，对程朱、陆王皆持反对态度。至戴震著《孟子字义疏征》，得出"理存于欲"，指出"后儒以理杀人"，则更给予"理学"以有力的批判。

理学的集大成者

朱熹（1130—1200），宋代理学的集大成者，他继承了北宋程颢、程颐的理学，并进一步发挥引申，终于成了理学的集大成者。朱熹认为理是世界的本质，"理在先，气在后"。在人性论上，朱熹发挥了张载和程颐的天地之性与气质之性的观点，认为"天地之性"或"天命之性"专指理言，是至善的、完美无缺的；"气质之性"则以理与气杂而言，有善有不善，两者统一在人身上，缺一则"做人不得"。与"天命之性"和"气质之性"有联系的，则有"道心、人心"的理论。朱熹认为，"道心"出于天理或性命之正，本来便禀受得仁义礼智之心。"人心"出于形气之私，是指饥食渴饮之类。"道心"与"人心"的关系既矛盾又联结，"道心"需要通过"人心"来安顿，"道心"与"人心"还有主从关系，"人心"须听命于"道心"。朱熹从心性说出发，探讨了天理人欲问题。他以为人心有私欲，所以危殆；道心是天理，所以精微。因此朱熹提出了"灭人欲而存天理"的主张。

在动静观上，朱熹主张理依气而生物，并从气展开了一分为二、动静不息的生物运动，这便是一气分做二气，动的是阳，静的是阴，又分作五气（金、木、水、火、土），散为万物。一分为二是从气分化为物过程中的重要运动形态。在知行关系上，朱熹用《大学》"致知在格物"的命题，探讨认识领域中的理论问题。在认识来源问题上，朱熹既讲人生而有知的先验论，也不否认见闻之知。他强调穷理离不得格物，即格物才能穷其理。朱熹探讨了知行关系。他认为知先行后，行重知轻。从知识来源上说，知在先；从社会效果上看，行为重。

心学的集大成者

王阳明（1472—1529），名守仁，字伯安，别号阳明。因被贬贵州时曾于阳明洞（今贵阳市修文县）学习，世称阳明先生、王阳明。是我国明代著名的哲学家，是二程、朱、陆后的另一位大儒，"心学"流派的重要代表人物。他在继承思孟学派的"尽心"、"良知"和陆九渊的"心即理"等学说的基础上，批判地吸收了朱熹那种超感性的先验范畴的"理"为本体学说，创立了王学，或称阳明心学。

王学的内在结构是由"知行合一"和"致良知"构成的。在这一结构中，王阳明以心（良知）立言，又以良知释心。心（良知）就构成了王学的基石。在王守仁看来，心是无所不包的。物、事、理、义、善、学等都不在"吾心"之外，亦即是"心即理"。但他又认为，"良知"是心之本体，是人人生而俱来的，先验的、普遍的"知"。这种"知"是不待虑而知，不待学而能的本然，是"致良知"、为圣的内在可能性。同时，他又强调"良知"是外在的社会伦理道德与内在的个体心理欲求的统一（"天理之在人心"），是与天地万物同体的。正是这个充塞天地的"良知"（灵明），才使"我"与万物（包括社会）无间隔地一气流通，不内外远近地融为一体。也正是这种天地间活泼泼的、"个个心中有仲尼"的"良知"，才感召人们去追求那种"淳德凝道，和于阴阳，调于四时，去世离俗，积精全神，游行于天地之间，视听八远之外"的圣人境界。由此，王阳明的"心学"，极大地强调了主体意识的能动性，高扬了人格精神的伟大。

儒学几大经典

儒家经典主要有儒学十三经。儒家本有六经——《诗经》、《尚书》、《仪礼》、《乐经》、《周易》、《春秋》，其中《周易》在"六经"中排在了首位，是"群经之首"。秦始皇"焚书坑儒"，据说经秦火一炬，《乐经》从此失传；东汉在此基础上加上《论语》、《孝经》，共七经；唐时加上《周礼》、《礼记》、《春秋公羊传》、《春秋谷梁传》、《尔雅》，共十二经；宋时加《孟子》，后有宋刻《十三经注疏》传世。

《十三经》是儒家文化的基本著作，就传统观念而言，《易》、《诗》、《书》、《礼》、《春秋》谓之"经"，《左传》、《公羊传》、《谷梁传》属于《春秋经》之"传"，《礼记》、《孝经》、《论语》、《孟子》均为"记"，《尔雅》则是汉代经师的训诂之作。后来的四书则是指《大学》(《礼记》中一篇)、《中庸》(《礼记》中一篇)、《论语》、《孟子》,五经则指:《周易》、《尚书》、《诗经》、《礼记》、《左传》。

"六经",指的是儒家的六部经典著作。这六部著作是古人学习儒家思想的必读书目和必修课程。用今天的话来说,就是经典的教科书。"六经"包括《易》、《书》、《诗》、《礼》、《乐》、《春秋》。

据称,四书分别出于早期儒家的四位代表性人物孔子、孟子、子思、曾参,所以称为四子书(也称四子),简称为四书。南宋光宗绍熙元年(1190年),当时南宋著名理学家朱熹在福建漳州将《礼记》中《大学》、《中庸》两篇拿出来单独成书,和《论语》、《孟子》合为四书,并汇集起作为一套经书刊刻问世。这位儒家大学者认为"先读《大学》,以定其规模;次读《论语》,以定其根本;次读《孟子》,以观其发越;次读《中庸》,以求古人之微妙处"。并曾说"四子,六经之阶梯"(《朱子语类》)。朱熹著《四书章句集注》,具有划时代意义。汉唐是五经(《易经》、《尚书》、《诗经》、《礼记》、《春秋》)时代,宋后是四书时代。

《诗经》是我国的第一部诗歌总集。其中,史诗、讽刺诗、叙事诗、恋歌、战歌、颂歌、节令歌以及劳动歌谣样样都有。尽管它不是一人所作,却比古希腊著名的《荷马史诗》的产生要早数百年。《诗经》共收入自西周初年至春秋中叶500多年的诗歌305篇。《诗经》分为"风"、"雅"、"颂"三部分。"风"指十五个诸侯国的民间歌曲,共160首;"雅"是周王朝国都附近的乐歌,共105篇;"颂"是国王室用于宗庙祭祀的乐章,旨在歌颂祖先的丰功伟绩和鬼神的巨大威灵，包括祭歌、赞美诗等，共有 40 篇。就形式而言，《诗经》主要采用四言诗，间或也有二言、三言、五言、六言、七言、八言的句式，同时大量使用叠字、双声、叠韵词语，这使得这部文学作品显得灵活多样，朗读起来错落有致，有极强的音乐性。从内容上讲，"风"是《诗经》中的精华。由于这些诗歌来自民间，没有或很少有雕饰，展示了周代民歌的绚丽多彩。"风"中的作品反映了普通劳动者真实的生活，比如表达青年男女对美满爱情的向往和追求的《关雎》、《出其东门》，表达愤怒的奴隶向不劳而获的奴隶主的质问的《伐檀》、《硕鼠》，有关战争的《扬之水》、《君子于役》，等等。

《尚书》是我国最古的官方史书，是我国第一部上古历史文件和部分追述古代事迹著作的汇编，它保存了商周特别是西周初期的一些重要史料。《尚书》相传由孔子编撰而成，但有些篇是后来的儒家补充进去的。西汉初存 28 篇，因用汉代通行的文字隶书抄写，称《今文尚书》。另有相传在汉武帝时从孔子住宅壁中发现的《古文尚书》（现只存篇目和少量佚文）和东晋梅赜所献的伪《古文尚书》（较《今文尚书》多 16 篇）。现在通行的《十三经注疏》本《尚书》，就是《今文尚书》和伪《古文尚书》的合编本。《尚书》所录，为虞、夏、商、周各代典、谟、训、诰、誓、命等文献。其中虞、夏及商代部分文献是据传闻而写成，不尽可靠。"典"是重要史实或专题史实的记载；"谟"是记君臣谋略的；"训"是臣开导君主的话；"诰"是勉励的文告；"誓"是君主训诫士众的誓词；"命"是君主的命令。还有以人名标题的，如《盘庚》、《微子》；有以事为标题的，如《高宗肜日》、《西伯戡黎》；有以内容为标题的，如《洪范》、《无逸》。这些都属于记言散文。也有叙事较多的，如《顾命》、《尧典》。其中的《禹贡》，托言夏禹治水的记录，实为古地理志，与全书体例不一，当为后人的著述。自汉以来，《尚书》一直被视为中国封建社会的政治哲学经典，既是帝王的教科书，又是贵族子弟及士大夫必遵的"大经大法"，在历史上很有影响。

《礼记》是中国古代一部重要的典章制度书籍。是战国至秦汉年间儒家学者解释说明经书《仪礼》的文章选集，是一部儒家思想的资料汇编。《礼记》的作者不止一人，写作时间也有先有后，其中多数篇章可能是孔子的七十二名关门弟子及其学生们的作品，还兼收先秦的其他典籍。《礼记》的内容主要是记载和论述先秦的礼制、礼仪，解释仪礼，记录孔子和弟子等的问答，记述修身做人的准则。实际上，这部9万字左右的著作内容广博，门类杂多，涉及政治、法律、道德、哲学、历史、祭祀、文艺、日常生活、历法、地理等诸多方面，几乎包罗万象，集中体现了先秦儒家的政治、哲学和伦理思想，是研究先秦社会的重要资料。

《春秋》，又称《麟经》（《麟史》），是鲁国的编年史，经过了孔子的修订。记载了从鲁隐公元年（前722年）到鲁哀公十四年（前481年）的历史，是中国现存最早的一部编年体史书。《春秋》一书的史料价值很高，但不完备，王安石甚至说《春秋》是"断烂朝报"，亦是儒家经典之一。《春秋》中的文字非常简练，事件的记载也很简略，但公元242年诸侯攻伐、盟会、篡弑及祭祀、灾异礼俗等，都有记载。它所记载的鲁国十二代的年代，完全正确，所载日食与西方学者所著《蚀经》比较，互相符合的有30多次，足证《春秋》并非古人凭空虚撰，可以定为信史。

《大学》原本是《礼记》中的一篇，在南宋前从未单独刊印。传为孔子弟子曾参所作。自唐代韩愈、李翱维护道统而推崇《大学》，至北宋二程百般褒奖宣扬，甚至称"《大学》，孔氏之遗书而初学入德之门也"，再到南宋朱熹继承二程思想，把《大学》从《礼记》中抽出来，与《论语》、《孟子》、《中庸》并列，到朱熹撰《四书章句集注》时，便成了四书之一。按朱熹和宋代另一位著名学者程颐的看法，《大学》是孔子及其门徒留下来的遗书，是儒学的入门读物。所以，朱熹把它列为四书之首。

《中庸》原来也是《礼记》中一篇，内容肯定"中庸"是道德行为的最高标准，把"诚"看成是世界的本体。书中还提出"博学之，审问之，慎思之，明辨之，笃行之"的学习过程和认识方法。该书在南宋前从未单独刊印。一般认为，它出于孔子的孙子子思之手，《史记·孔子世家》称"子思作《中庸》"。自唐代韩愈、李翱维护道统而推崇《中庸》，至北宋二程百般褒奖宣扬，甚至认为《中庸》是"孔门传授心法"，再到南宋朱熹继承二程思想，把《中庸》从《礼记》中抽出来，与《论语》、《孟子》、《大学》并列，到朱熹撰《四书章句集注》时，便成了四书之一。从《中庸》和《孟子》的基本观点来看，也大体上是相同的。不过，现存的《中庸》，已经经过秦代儒者的修改，大致写定于秦统一全国后不久。所以每篇方式已不同于《大学》，不是取正文开头的两个字为题，而是撮取文章的中心内容为题了。《中庸》是被宋代学人提到突出地位上来的。宋、元以后，《中庸》成为学校官定的教科书和科举考试的必读书，对古代教育产生了极大的影响。

《论语》是儒家学派的经典著作之一。这部传世之作不是孔子撰写的，而是由孔子的弟子及其再传弟子编撰而成。它以语录体和对话文体为主，记录了孔子及其弟子的言行，集中体现了孔子的政治主张、伦理思想、道德观念及教育原则等方方面面的思想。通行本《论语》共20篇，与《大学》、《中庸》、《孟子》并称"四书"。《论语》的语言简洁精炼，含义深刻，其中有许多言论至今仍被世人视为至理。《论语》大约成书于战国初期。因秦始皇焚书坑儒，到西汉时期仅有口头传授及从孔子住宅夹壁中所得的本子，计有：鲁人口头传授的《鲁论语》20篇，齐人口头传授的《齐论语》22篇，从孔子住宅夹壁中发现的《古论语》21篇。西汉末年，帝师张禹精治《论语》，并根据《鲁论语》，参照《齐论语》，另成一论，称为《张侯论》。东汉末年，郑玄以《张侯论》为依据，参考《齐论语》、《古论语》，作《论语注》，是为今本《论语》。《齐论语》、《古论语》不久亡佚。现存《论语》20篇，492章，其中记录孔子与弟子及时人谈论之语约444章，记孔门弟子相互谈论之语48章。

《孟子》是记载孟子及其学生言行的一部书。和孔子一样，孟子也曾带领学生游历魏、齐、宋、鲁、滕、薛等国，并一度担任过齐宣王的客卿。由于他的政治主张也与孔子的一样不被重用，所以便回到家乡聚徒讲学，与学生万章等人著书立说，"序《诗》《书》，述仲尼之意，作《孟子》七篇"。赵岐在《孟子题辞》中把《孟子》与《论语》相比，认为《孟子》是"拟圣而作"。所以，尽管《汉书·艺文志》仅仅把《孟子》放在诸子略中,视为子书,但实际上在汉代人的心目中已经把它看作辅助"经书"的"传"书了。汉文帝于《论语》、《孝经》、《孟子》、《尔雅》各置博士,便叫"传记博士"。到五代后蜀时,后蜀主孟昶命令人楷书十一经刻石,其中包括了《孟子》,这可能是《孟子》列入"经书"的开始。到南宋孝宗时,朱熹将《孟子》列入四书,正式把《孟子》提到了非常高的地位。

第六章
道家思想永恒的价值和生命力

"道"是宇宙之本，万物之根，人类之始，运动之理。也就是指天地万物的本质及其自然循环的规律。自然界万物处于经常的运动变化之中，道即是其基本法则。《道德经》中说："人法地，地法天，天法道，道法自然"，就是关于"道"的具体阐述。所以，人的生命活动符合自然规律，才能够使人长寿。这是道家养生的根本观点。

无 不 为

"无不为"是和"无为"相对应的一个概念。正所谓：无为而无所不为。既然"无为"是顺应天地大道，那么自然就能无不为。越是有为，越是无所为。正如佛家的妙语："无心恰恰用，有心恰恰无。"

老子主张有无相生，即有和无是相互依赖的。他尤其强调有生于无的方面。他也举了一些例子，譬如一个房子，要凿出门和窗子这些虚空的地方来，才能发挥房子的作用。一个器皿，中间必须是空的，才能发挥容器的作用。所以，"有之以为利，无之以为用"。就是说，有所带给人的便利，是因为无在那里发挥作用。在这个基础上，老子提出了无为的理论。当时一般的看法，认为治理国家总是需要一些积极的办法的，或者用德，或者用刑。这些都是有为，属于比较刚强的做法，因为它是先有一个框架或者模子，然后将其强加于人。老子则反其道而行之，他依据有无相生和无用之用的道理，提出君主应实行无为而治。这是比较柔弱的做法，其核心是主张君主要持守虚静之道，顺应和因循百姓的自然。老子认为，君主无为的话，百姓可以自化、自正、自富，收到有为想达到却又达不到的效果。这就是所谓的无为而无不为。

道家创始人老子

老子，名李耳，字伯阳，又称老聃，后人称其为"老子"，河南鹿邑人，我国古代伟大的哲学家和思想家，是道家学派创始人。

相传老子的母亲怀了九九八十一天身孕，从腋下将他产出，老子一生下来就是白眉毛白胡子，所以被称为老子。老子生活在春秋时期，曾在周国都洛邑任藏室史（相当于国家图书馆馆长）。他博学多才，孔子周游列国时曾到洛邑向老子问礼。老子晚年乘青牛西去，在函谷关（位于今河南灵宝）写成了五千言的《道德经》（又称《道德真经》，或直称《老子》或《老子五千文》）。

《道德经》含有丰富的辩证法思想，老子哲学与古希腊哲学一起构成了人类哲学的两个源头，老子也因其深邃的哲学思想而被尊为"中国哲学之父"。老子的思想被庄子所传承，并与儒家和后来的佛家思想一起构成了中国传统思想文化的内核。道教出现后，老子被尊为"太上老君"；从《列仙传》开始，老子就被尊为神仙。《道德经》的国外版本有1000多种，是被翻译语言最多的中国书籍。

《道德经》

《道德经》，又称《道德真经》、《老子》、《五千言》、《老子五千文》，传说是春秋时期的老子李耳（似是作者、注释者、传抄者的集合体）所撰写，是道家哲学思想的开山之作。

《道德经》分上下两篇，原文上篇《德经》、下篇《道经》，不分章，后改为《道经》在前，《德经》在后，并分为81章。是中国历史上首部完整的哲学著作。现在可以看到的最初的版本，是1993年湖北荆门郭店楚墓出土的竹简《老子》。1973年长沙马王堆3号汉墓出土的甲乙两种帛书《老子》，是西汉初年的版本，把《德经》放在《道经》之前，也受到学者的重视。

《道德经》以阐释"道"、"德"为主旨，洋洋洒洒五千言，文笔晦涩，既是一本难读的天书，也在一定程度上成为智慧的源泉。后来的学者，后来的学说，无不从中获得启迪。这本书不仅影响了后来的魏晋玄学，而且，后来的兵家、法家，也无不从中汲取养料。这部被誉为"万经之王"的神奇宝典，对中国古老的哲学、科学、政治、宗教等，产生了深刻的影响，它无论对中华民族的性格的形成，还是对政治的统一与稳定，都起着不可估量的作用。它的世界意义也日渐显著，越来越多的西方学者不遗余力地探求其中的科学奥秘，寻求人类文明的源头，深究古代智慧的底蕴。

庄子及其学派

庄子，名周，字子休（一说子沐），后人称为"南华真人"，战国时期宋国蒙人，著名的思想家、哲学家、文学家，是道家学派的代表人物，老子哲学思想的继承者和发展者，先秦庄子学派的创始人。他的学说涵盖了当时社会生活的方方面面，但根本精神还是归依于老子的哲学。后世将他与老子并称为"老庄"，他们的哲学称为"老庄哲学"。

庄子一生穷困潦倒，却能超越贫困乐在其中。庄子能言善辩，尤其善用寓言和小故事来表达自己的观点，同时嘲讽那些追名逐利的小人。庄子的文章充满了天马行空般的想象，充满了尖酸刻薄的讽刺和挖苦。他的所作所为，经常令人瞠目结舌，又令人拍案叫绝。他看破功名，不屑利禄，甚至对于死亡，他也有着自己独到的见解。这样的一个人，嬉笑怒骂，可以说上穷碧落下黄泉，骂尽天下英雄，但是其实他的内心并不激烈。他说，天地有大美而不言，他写在书里面的东西，都是一些谬悠之说、荒唐之言、无端之词，看起来漫无边际，其实蕴含着大智慧。庄子这个人在天地之间，可以说看破了生死，超越了名利，看透了这一切。

在哲学上，庄子对老子的"道"进行了发挥和引申，将道家思想引向了个人的安身立命和境界提升。他主张"无为"，放弃一切妄为。又认为一切事物都是相对的，齐是非、齐贵贱，甚至是齐生死，最终达到"天地与我并生，万物与我为一"的"逍遥游"的境界。这种发挥虽然是片面的，却成了后世道家哲学的主流，而庄子本人，也成了道家的代言人。

哲学史上经常将"老庄"并称，给人的印象似乎是，老子的哲学和庄子的哲学是一致的。其实，这是一种误解。作为老子的继承人，庄子仅仅继承了老子一部分思想。或者说，他仅仅抓住了老子思想中的一个方面加以深化了。老子的思想里包含着深刻的两面性：一方面，强调顺应自然之道加以修身，这就是"无为"；另一方面，又强调顺应自然之道用于治人，这就是"无不为"。前者是针对个人而言，追求的是"无为"的境界。后者是针对群体而言，追求的是"无不为"的结果。庄子，仅仅把老子前面的这一部分吸纳过来，对后一部分则没有涉及。而后一部分，则被孙武、韩非子继承下来，一个用于厮杀的战场，另一个用于钩心斗角的官场，成为中国历史上影响颇远的谋略智慧。

而对庄子而言，他很少谈及群体实践的行为问题，而是将注意力集中在了个体的心性修养上。在他看来，所谓的心性修养即是对自然之道的体悟和遵循，最终超越功名利禄、仁义道德的束缚，进入一种"安时以处顺"、"乘物以游心"的境界。

《庄子》

《庄子》是庄子及其后学的著作总集。《汉书·艺文志》著录52篇，现仅存郭象编辑注释的33篇。关于《庄子》内、外、杂篇的异同，各篇的真伪、年代，争论已久。中国学术界通行的看法是，内篇为庄子所著，外、杂篇可能掺杂了庄子门人和后学以及道家其他派别的作品。内篇的《齐物论》、《逍遥游》和《大宗师》集中反映了庄子的哲学思想。《齐物论》以齐是非、齐彼此、齐物我、齐寿天为主要内容。《逍遥游》旨在倡导一种精神上的超现实境界。《大宗师》则以论道和论修道为主要内容。外篇的《秋水》被认为最能体现庄子思想，认为万物都是相对的，因而主张一切任其自然，反对人为。杂篇中的《寓言》和《天下》两篇也很重要。前者旨在说明《庄子》表达"道"的手法；后者则阐述了先秦各学派的中心思想及其活动情况，并列举了重要的代表人物，堪称中国历史上第一篇哲学史论文。《庄子》在魏晋时期与《周易》、《老子》并称为三玄。到唐代正式成为道教经典之一，称《南华真经》。《庄子》在中国文学史上也占有重要地位。《庄子·天下》篇还保留了当时诸子学说的许多材料。《庄子》注本历来极多，今通行的主要有晋郭象《庄子注》、清末王先谦《庄子集解》、郭庆藩《庄子集释》等。

庄子对后世的影响，不仅表现在他独特的哲学思想上，而且表现在文学上。他的政治主张、哲学思想不是干巴巴的说教，相反，都是通过一个个生动形象、幽默机智的寓言故事，通过汪洋恣肆的语言文字，巧妙活泼、引人入胜地表达出来，全书仿佛是一部寓言故事集，这些寓言表现出超常的想象力，构成了奇特的形象，具有石破天惊、振聋发聩的艺术感染力。

黄老道家

黄老道家是除老庄派之外道家最大的分支。该派因推崇黄帝和老子而得名，主张虚无为本、因循为用、采百家之长以经世致用治国安邦。我国古代常称它为黄老术，今天学术界常称它为道法家，另外，我们常说的杂家和秦汉新道家，在很大程度上也是黄老道家的代名词。而在西方，黄老道家常被称为"purposive Taoism"（目的性的道家）或"Instrumental Taoism"（工具性的道家）。该派在汉时言道家，多指黄老道，如司马谈之《论六家要旨》。后来黄学失传，仅存老学，直至20世纪70年代，在马王堆出土"经法"、"十大经"、"称经"、"道原经"四经，据信为黄学经典黄帝四经。

黄老道家是道家的两大分支之一。在战国秦汉时期，是道家思想的主要形式。在哲学思想上，黄老一派继承了道家的无为政治，同时又吸取了儒家的礼义仁爱思想、名家的形名思想、法家的法治思想等，从而融合了道家与儒、墨、名、法诸家的学说。所以司马谈在《论六家之要旨》中称道家"因阴阳之大顺，采儒墨之善，撮名法之要"。因此黄老学的无为政治，已经大不相同于老庄所主张的无所作为的思想。黄老学强调的"无为"大多是指去掉机诈巧伪，因循自然，在政治上具有了积极进取的精神。

黄老道学的影响很大，直到魏晋时期玄学崛起后，它的地位才被老庄派取代。而且它与老庄派关系非常密切。今本

《道德经》就是老子原始思想和黄老思想共同融合的结果，即使是老庄派的代表作《庄子》，也深深地打上了黄老思想的烙印。

列　子

列子，名寇，又名御寇，战国前期思想家，是老子和庄子之外的又一位道家思想代表人物。其学术于黄帝老子，主张清静无为。后汉班固《艺文志》"道家"部分录有《列子》八卷。《列子》又名《冲虚经》是道家重要典籍。汉书《艺文志》著录《列子》八卷，早逸。今本《列子》八卷，从思想内容和语言使用上看，可能是今人根据古代资料编著的。全书共载民间故事寓言、神话传说等134则，是东晋人张湛所辑录增补的，题材广泛，有些颇富教育意义。庄子在其书第一篇《逍遥游》中，就提到过列子可以"御风而行，泠然善也"，似乎练就了一身卓绝的轻功。因为庄子书中常常虚构一些子虚乌有的人物，如"无名人"、"天根"，故有人怀疑列子也是"假人"。不过《战国策》、《尸子》、《吕氏春秋》等诸多文献中也都提及列子，应该实有其人。列子的学说，刘向认为："其学本于黄帝老子，号曰道家。道家者，秉要执本，清虚无为，及其治身接物，务崇不竞，合于六经。"《吕氏春秋》中说："子列子贵虚。"《战国策》中有："史疾为使楚，楚王问曰：'客何与所循？'曰：'治列子圉寇之言。'曰：'何贵？'曰：'贵正'。"张湛《列子．序》认为："其书大略明群有以至虚为宗，万品以终灭为验，神惠以凝寂常全，想念以著物为表，生觉与化梦等情。巨细不限一域，穷达无假智力，治身贵于肆仕，顺性则所至皆适，水火可蹈。忘怀则无幽不照，此其旨也。"

稷下道家

战国时代，百家争鸣异常活跃。在齐国，从齐威王的父亲齐桓公开始，就在国都临淄（今山东临淄北）西边的稷下设立学宫，广招各国的学者、游士等有才之士前来议论讲学，著书立说。因为他们的地点在稷下，又受到齐国的保护和尊崇，因此，被请来讲学议论的人，称作"稷下先生"。

稷下学宫的设置，实际上是齐国参政议政的一个参谋班子。他们各自著书立说，言"治乱之事"，以求取于齐王。齐王很器重他们，从慎到以下，皆命曰"列大夫"，为他们铺设开阔的大道，用"高门大屋"等宠之，"览天下诸侯宾客，言齐能致天下贤士"。条件是很优厚的。这在当时的具体情况下，对于开展百家齐鸣和繁荣学术，起到了积极的推动作用。与其他国家相比，稷下学派的作用是很大的。同时，也提高了齐国的声望。当时，各国都把齐国看成一个励精图治、礼贤下士的图强之国和礼仪之邦。在稷下讲学的各个学派中，黄（黄帝）、老（老子）学派尤占上风，最受齐威王的重视和欢迎，逐渐形成了一个派别——稷下道家。当时很多显赫的人物，比如齐国的丞相管仲、尹文、田骈都属于稷下道家。齐威王的改革，在某种意义上说，就是在这一学派的指导下进行的。

管　仲

　　管仲，春秋时期齐国著名的政治家、军事家。周穆王的后代，管仲少时丧父，老母在堂，生活贫苦，不得不过早地挑起家庭重担，为维持生计，与鲍叔牙合伙经商后从军，到齐国，几经曲折，经鲍叔牙力荐，为齐国上卿（即丞相），被称为"春秋第一相"，辅佐齐桓公成为春秋时期的第一霸主，所以又说"管夷吾举于士"。管仲的言论见于《国语·齐语》，另有《管子》一书传世。

　　在哲学思想上，管仲是稷下道家的代表人物。他的《心术》上下、《白心》、《内业》四篇中系统地阐述了稷下道家的"精气说"。他把老子的"道"改造成了"精气"。在他看来，道"虚而无形"，不能被感官直接感知，口不能言，目不能见，耳不能听。但我们又不能说"道"不存在，因为它是一种精细的气。万物、人都产生于精气，"凡物之精，此则为生，下生五谷，上为列星"，"精也者，气之精者也"。管子还用"精气"解释物质和意识的关系：有意识的人，也是由精气生成的。他说："凡人之生也，天出其精，地出其形，合此以为人，和乃生，不和不生"，"气道乃生，生乃思，思乃知，知乃止矣"。管子没有否定鬼神，但他认为鬼神也是由精气生成的，说精气"流于天地之间，谓之鬼神"。

把鬼神视为普通一物，否认它是超自然的存在。

管子认为认识的对象存在于认识的主体之外。他说："人皆欲知，而莫索其所以知，其所知，彼也；其所以知，此也。"又认为，在认识过程中，主体要舍弃主观臆断，以外物为认识根据，要反映外物的真实情况。他称这种认识方法为"静因之道"，说："是故有道之君，其处也若无知，其应物也若偶之，静因之道也。"

大道无为而无不为

静止是相对的，变化才是永恒的。在道家看来，既然任何事物都包含着自己的反面，既然任何事物都不可避免地向自己的反面转化，要想把对立面维持在儒家所谓"中庸"的平衡状态，简直是痴人说梦、天方夜谭。"物壮则老"，事物总是向其相反的方向转化，与其像走钢丝一样勉为其难地维持一种"中庸"的平衡状态，还不如无欲无求，顺其自然。

所以，道家宁肯"无为"，也不"中庸"。老子说："圣人处无为之事行不言之教，万物作而弗始，生而弗有为而弗恃，功成而不居夫唯弗居，是以不去。"你越想得到什么，就越得不到什么，你越是"有为"，事情的结果越可能和你想得恰恰相反。"执者，失之；为者，败之。"只有"彷徨于尘垢之外"，才能够"逍遥于五为之业"。所以老子说："以正治国，以奇治兵，以无事取天下。"没有勋章的将军也许才是最好的将军,所以庄子说:"至人无己,神人无功,圣人无名。"

治大国若烹小鲜

在国家的治理上,老子的观点就是"治大国若烹小鲜"。意思是说,治理一个国家就像烹炒一条小鱼,不能随便搅动它,否则它就烂了。

在老子看来,大道运行,自有其章法和规律,一旦人为干预,就会陷入异化而不可自拔。人类社会也是如此,它根本就不需要某些所谓英雄的振臂高呼,更不需要所谓圣贤的耳提面命,只要做到"无为",把主动权交给人民自己,自然就走上了正途。所以老子说:"我无为,而民自化;我好静,而民自正;我无事,而民自富;我无欲,而民自朴。"就像今天炒股票一样:最低级的炒股手天天看盘,手忙脚乱,累得半死,结果也没有挣到钱;其次的是跟着指数跑,患得患失,钱没有挣到,心却已经疲劳过度;而真正的高手却是看趋势,看个股不看大盘,喝着茶聊着天挣了大钱。股市不养勤奋人。同样,在国家的治理上也需要"无为",根本就不需要什么所谓的"领路人"和"领跑者"。"圣人无常心,以百姓心为心"。意思是说,圣人永远没有自己的主观偏见,应以百姓的意见为意见。可见,无为而治,才是老子眼中的圣人之治。

无为而治

无为而治是道家的基本思想，也是其修行的基本方法。无为而治的思想方法首先是由老子提出来的。老子认为天地万物都是由道化生的，而且天地万物的运动变化也遵循道的规律。老子说："人法地，地法天，天法道，道法自然。"可见，道的最根本规律就是自然，即自然而然、本然。既然道以自然为本，那么对待事物就应该顺其自然，无为而治，让事物按照自身的必然性自由发展，使其处于符合道的自然状态，不对它横加干涉，不以有为去影响事物的自然进程。也只有这样，事物才能正常存在，健康发展。

所以在道家看来，为人处世，修心炼性，都应以自然无为为本，避免有为妄作。老子说："是以圣人处无为之事，行不言之教。""上德无为，而无以为；下德有为，而有以为。""为学日益，为道日损，损之又损，以至于无为。无为而无不为。"总之，根据道家的观点，在自然无为的状态下，事物就能按照自身的规律顺利发展，人身、社会亦是如此。如果人为干涉事物的发展进程，按照某种主观愿望去干预或改变事物的自然状态，其结果只会是揠苗助长，自取其败，因此，明智的人应该采取无为之道来养生治世，也只有如此，才能达到预期的目的。

当然，无为而治的"无为"，绝不是一无所为，不是什么都不做。无为而治的"无为"是不妄为，不随意而为，不违道而为。相反，对于那种符合道的事情，则必须以有为为之。但所为之为，都应是出自事物之自然，无为之为发自自然，顺乎自然；是自然而为，而不是人为而为。所以这种为不仅不会破坏事物的自然进程和自然秩序，而且有利于事物的自然发展和成长。

庄子的"逍遥游"

与宣扬伦理情感和博爱情怀的儒家不同，道家追求的是一种毫无牵挂、独来独往的自由境界。在阻碍人的自由心性方面，温情和仇恨其实都是一样的。无论是相濡以沫，还是恩怨情仇，都没有"相忘于江湖"来得逍遥自在。最为可贵的是，道家消解了功名利禄和人伦情感之后，并没有陷入"今朝有酒今朝醉"、"管他春夏与秋冬"的恣情纵欲中，也没有转入玩世不恭的纵欲主义。在庄子看来，人生的意义不能寄托在肉体欲望的满足上，恰恰相反，而是要超越肉身，进入一种精神上的自由，达到"逍遥游"的境界。

逍遥游，就是"乘物以游心"。所谓"乘物"，就是物物而不物于物。这是一种境界，它既不是像西方的某些哲人一样为了逃避烦扰的世界而逃避生活，从而达到"不动心"；它也不是沉迷于物中而不能自拔。在老庄看来，逃避世态炎凉，躲进深山老林，仍然是一种"执"。心中无一物，何处染尘埃呢？老子说的"小隐隐于林，大隐隐于市"，即是此意。真正的隐士，内心一片空灵，其"隐"的境界不会因为其身在何处而受到干扰。正如庄子所说："物来则应，应不以心，圣人之心若镜，应而不藏。"当我们去照镜子的时候，镜子里自然会显现出自己的面容，当我们离开镜子时，镜子又恢复了其虚静的状态，不留一点痕迹。

第七章
古希腊罗马的哲学思想和流派

　　古希腊罗马哲学是欧洲哲学发展的初级阶段。各种唯物主义和唯心主义、辩证法和形而上学思想以及各种社会政治伦理思想等，都从这里发端，这些思想对后来乃至今天哲学思想的发展都有深远的影响。

赫拉克利特与"逻各斯"

赫拉克利特是一位富传奇色彩的哲学家。他出生在伊奥尼亚地区的爱菲斯城邦的王族家庭里。他本来应该继承王位,但是他将王位让给了他的兄弟,自己跑到女神阿尔迪美斯庙附近隐居起来。

赫拉克利特一生逃避政治,过着离群索居的生活。他在隐居时,以草根和植物度日,得了水肿病。他到城里找医生,用哑谜的方式询问医生能否使阴雨天变得干燥起来。医生不懂他的意思。他跑到牛圈里,想用牛粪的热力把身体里的水吸出,结果无济于事,去世时大约60岁。

赫拉克利特认为火是世界的本原。在他看来,整个世界就是一团永恒的活火,在一定分寸上燃烧,又在一定分寸上熄灭。他写过一部总称为《论自然》的书,内容有"论万物"、"论政治"和"论神灵"三部分。可惜这部书没有保存下来,我们现在看到的只是130多个残篇,它们是从不同时期的著作中摘录出来的。残篇的语言多为形象比喻,内容是深奥的辩证法,读起来十分困难,赫拉克利特因此得到"晦涩哲人"的称号。

但是赫拉克利特终生都在逃避政治。据说,波斯国王大流士曾经写信邀请他去波斯宫廷教导希腊文化。赫拉克利特傲慢地拒绝了。他说:"因为我有一种对显赫的恐惧,我不能到波斯去，我满足于我的心灵既有的渺小的东西。"

还有一则逸事说，他整天和小孩玩骰子，他对围观的人说："你们这班无赖，有什么值得大惊小怪的！难道这不比你们参加的政治活动更好吗？"有人问他为什么保持沉默，他回答说："为什么？好让你们去唠叨！"这些逸事虽然不完全可信，但是它们表明希腊哲学家已经开始脱离公共事务。其实，赫拉克利特也没有完全脱离政治。当爱菲斯城邦放逐了他的朋友赫尔谟多罗时，他气呼呼地说："爱菲斯的每个成年人最好都将自己吊死，把城邦留给尚葆其天真的少年。"他号召人民保卫法律，铲除暴虐。

"逻各斯"是西方哲学中一个非常重要的概念，由赫拉克利特首次提出。赫拉克利特说，世界是有秩序的。这个有秩序的世界既不是神也不是人所创造的。宇宙本身是它自己的创造者，宇宙的秩序都是由它自身的"逻各斯"所规定的。

"逻各斯"的本意是"话语"，赫拉克利特将其引申为"说出来的道理"，意指世间万物变化的一种微妙的尺度和准则。后来的斯多亚学派是"逻各斯"的提倡者和发扬者。他们认为，"逻各斯"是宇宙事物的理性和规则，它冲塞于天地之间，弥漫无形。虽然柏拉图和亚里士多德并未使用"逻各斯"这个概念，但是希腊哲学中潜藏地认为宇宙万物混乱的外表下有一个理性的秩序、有个必然的规则和本质的观念却和"逻各斯"这个概念是潜在相通的。斯多亚的"逻各斯"包括两个部分，内在的"逻各斯"和外在的"逻各斯"。内在的"逻各斯"就是理性和本质，外在的"逻各斯"是传达这种理性和本质的语言。就这样，通过"逻各斯"这个概念，西方哲学形成了理性、概念、真理三位一体的形而上学传统，该传统被后人称为"逻各斯中心主义"。

克塞诺芬尼

克塞诺芬尼生于伊奥尼亚的科罗封城，因被逐出母邦而漂泊于南意大利地区。他不仅是一位吟游诗人，还是一位反传统的哲学家，对当时古希腊时期关于神的观念进行了讽刺性的批判。在当时希腊人的心目中，神并非像我们东方人认为的那么神圣。相反，他们认为神不只是具有人的形象，还具有人的各种属性，和人一样干各种坏事，偷盗、奸淫、彼此欺诈，无恶不作。克塞诺芬尼尖锐地讽刺了对神的这种看法。他认为，人们都是仿照自己的样子塑造神的，埃塞俄比亚人说他们的神是狮子鼻、黑皮肤；色雷斯人说他们的神是蓝眼睛、红头发。他甚至讽刺说，倘若马和狮子都有手，而且像人一样都能用手画画和塑像的话，马一定会画出或塑成马形的神像，狮子则会画出或塑成像狮子的神像。他认为，人们传颂的神干的各种邪恶的事，都是无稽之谈，是荷马和赫西俄德把人间的无耻丑行加到诸神身上的。克塞诺芬尼的这些思想非常有意义，在西方哲学史上最早表明了是人创造了神，而不是神创造了人。

但是，克塞诺芬尼只是批判了希腊人对神的传统看法，他并没有因此否定神的存在而走上无神论的道路。他仍然承认有神，不过不是许多神，而是只有一个神。这个神在形体和心灵上都不像人。它根本不动，但它能看、能听，也能知。它甚至能用心灵的思想力使万物活动。克塞诺芬尼的这一思想深深地影响了他的学生巴门尼德。

德谟克利特

德谟克利特（约公元前460—公元前370年或公元前356年），古希腊的属地阿布德拉人，古希腊伟大的唯物主义哲学家，原子唯物论学说的创始人之一。他认为万物的本原是原子与虚空。原子是一种最后的不可分的物质微粒。宇宙的一切事物都是由在虚空中运动着的原子构成的。所以事物的产生就是原子的结合。原子处在永恒的运动之中，即运动为原子本身所固有。虚空是绝对的空无，是源于运动的场所。原子叫作存在，虚空叫作非存在，但非存在不等于不存在，只是相对于充实的原子而言，虚空是没有充实性的，所以非存在与存在都是实在的。世界是由原子在虚空的旋涡运动中产生的。宇宙中有无数个世界在不断地生成与灭亡。人所存在的世界，无非是其中正在变化的一个。所以他声称：人是一个小宇宙。

德谟克利特把感性认识称作"暧昧的认识"，把理性认识称为"真理的认识"。因为在他看来，原子本身之间没有什么性质的不同，人们感觉所感知的各种事物的颜色、味道都是习惯，是人们主观的想法。德谟克利特的原子唯物论思想是古希腊唯物主义发展的最重要成果。

德谟克利特主张世界上一切事物都是相互联系的，都受因果必然性和客观规律的制约。他认为，原子在虚空中相互碰撞而形成的旋涡运动是一切事物形成的原因，他称之为必然性。在强调必然性时，他否定了偶然性，把自然界的一切作用都归结为必然性。

德谟克利特是古希腊时期罕见的全才。他通晓哲学的每一个分支，而且还是出名的诗人、雕塑家、音乐家和画家。马克思和恩格斯因此赞美他是古希腊人中"第一个百科全书式的学者"。

毕达哥拉斯

毕达哥拉斯是古希腊数学家、哲学家。他出生在爱琴海中的萨摩斯岛（今希腊东部小岛），自幼聪明好学，曾在名师门下学习几何学、自然科学和哲学。

毕达哥拉斯终生都在研究数学，对数字表现出了忘我的迷恋。他通过数学走向哲学，把数看作是世界的本原。在毕达哥拉斯看来，一切事物的性质都可以归结为数的规定性。数的规定性比物理属性更加普遍，一个事物可以缺乏某一种物理属性，但不能没有数的规定性。而且，数往往先于事物而存在，是构成事物的基本单元。一切事物的形状都具有几何结构，几何结构则与数字相对应：1是点，2是线，3是面，4是体。世界生成的过程就是由点生成线，由线生成面，由面生成体，由体生成可感形体，产生出水、火、气、土等基本元素。

毕达哥拉斯还通过说明数和物理现象间的联系，来进一步证明自己的理论。他曾证明用三条弦发出某一个乐音，以及它的第五度音和第八度音时，这三条弦的长度之比为6∶4∶3。他从球形是最完美几何体的观点出发，认为大地是球形的，提出了太阳、月亮和行星作均匀圆运动的思想。他还认为10是最完美的数，所以天上运动的发光体必然有10个。总之，毕达哥拉斯认为"数即和谐"，只要符合数之和谐的就是正确的。

在早年的治学时期，毕达哥拉斯经常到各地演讲，以向人们阐明经过他深思熟虑的见解，除了"数是万物之源"的主题外，他还常常谈起有关道德伦理的问题。

他对议事厅的权贵们说："一定要公正。不公正，就破坏了秩序，破坏了和谐，这是最大的恶。起誓是很严重的行为，不到关键时刻不要随便起誓，可是每个官员应能立下保证，保证自己不说谎话。"

在谈到治家时，他认为对儿女的爱是不能指望有回报的，但做父亲的应当努力用自己的言行去获得子女由衷的敬爱。父母的爱是神圣的，做子女的应当珍惜。子女应是父母的朋友，兄弟姐妹之间也应该彼此互敬互爱。当提到夫妻关系时，他说彼此尊重是最重要的，双方都应忠实于配偶。

他谈到过自律的问题。他说，自律是对人个性的一种考验，对儿童、少年、老人、妇女来说，能自律是一种美德，但对年轻人来说，则是必要。自律使你身体健康，心灵洁净，意志坚强。毕达哥拉斯从如何培养自律讲到教育的重要性，他认为人的自律只能在理性和知识的指导下才能培养起来，而知识只能通过教育才能获得，所以教育的重要性是不容忽视的。

高尔吉亚及无物存在

高尔吉亚（约公元前 480—前 370 年）生于西西里的列奥提尼，是恩培多克勒的学生。公元前 427 年，他到雅典执行一项外交使命，后来，以外交使节身份居住在雅典，教授雄辩术。晚年移居塞色莱和费拉等城邦。

据说，高尔吉亚活了 100 多岁，有人问他长寿之道，他说："我从不做追求快乐的事。"又说，"我从不为其他人的利益而做事"。实际上，他一生热心于公共事业，在公共场合表现出了非凡的演说才能。他多次在奥林匹克赛会上演讲，在一次悼念伯罗奔尼撒战争阵亡者的葬礼上，他呼吁希腊人团结一致，共同对付波斯人。柏拉图的对话《高尔吉亚篇》阐述了高尔吉亚对雄辩术的看法。在其他对话中，也把他描述为令人尊重的角色。高尔吉亚对包括伯里克利在内的雅典政治家都有相当大的影响力。他的学生当中有著名的演说家伊索克拉底、犬儒派的创始人安提斯泰等。

"无物存在"这一论断是高尔吉亚提出的。其实，与这个命题相关联的一共有三个命题：第一，无物存在；第二，如果有某物存在，我们也无法认识它；第三，即使我们认识某物，我们也无法把它告诉别人。

在论证过程中，高尔吉亚利用爱利亚学派的论辩方法，却得出了与爱利亚派学说截然相反的观点。就种手法就是"以其人之道，还治其人之身"。对于第一个命题，他认为，如果有物存在，则该物或者是存在，或者是非存在，或者既是存在又是非存在。然后他通过反证法进行了一系列逻辑论证，证明这三者都不能成立，因而结论只能是什么都不存在。对于第二个命题，他论证说，如果我们所思想的东西真实存在，那么凡是我们思想到的东西就都是真实存在的，但实际上，我们却可以思想到并不存在的东西，比如，6头12足的女妖、吐火怪兽等，这说明我们的思想是不可靠的，存在是认识不到的。对于第三个命题，他认为，我们告诉别人时使用的信号是语言，而语言同存在物并不是一个东西，我们告诉别人的就只能是语言面不是存在物。

高尔吉亚的这种一切皆无、一切都不可知、一切都不可言说的主张，鲜明地体现了怀疑主义和不可知论的特征。

苏格拉底

苏格拉底是古希腊时期最为著名的哲学家，他是哲学集大成者柏拉图的老师，被后人广泛认为是西方哲学的奠基人。

苏格拉底出生在雅典一个普通的公民家庭。他具有朴实的语言和平凡的容貌，生就扁平的鼻子，肥厚的嘴唇，凸出的眼睛，笨拙而矮小的身体和神圣的思想。他在雅典大街上高谈阔论，到处向人们提出一些问题，例如，什么是虔诚？什么是民主？什么是美德？什么是勇气？什么是真理？以及你的工作是什么？你有什么知识和技能？你是不是政治家？如果是，关于统治你学会了什么？你是不是教师？在教育无知的人之前你怎样征服自己的无知？……关于这样提问题的目的，苏格拉底说："我的母亲是个助产婆，我要追随她的脚步，我是个精神上的助产士，帮助别人产生他们自己的思想。"

公元前399年，苏格拉底被雅典的法庭以"不敬神"的罪名判处死刑。苏格拉底拒绝了他的学生们试图安排他逃跑的计划，饮下毒酒而死。据《斐多篇》记载，苏格拉底死时相当平静，坚忍地接受了对他的判决。如同苏格拉底与克力同的对话所显示的，苏格拉底拒绝逃跑的原因，是他了解到他必须遵守这个城邦的法律，服从这个城邦的公民和法官，以及陪审团所审判的结果。否则他便会违反他与这个城邦的"契约"，而这样做是违背了苏格拉底所提倡的原则的。

在苏格拉底一案中，一方是追求真理、舍生取义的伟大哲人，另一方则是以民主自由为标榜、被视为民主政治源头的雅典城邦。孰是孰非，谁善谁恶，不再那么泾渭分明，感情上的取舍则成为一种痛苦的折磨，因而其悲剧色彩愈加彰显。

苏格拉底之死是西方文化史上意义深远的事件，仿佛是一则寓言和一个谜语。苏格拉底策划了自己的死亡方式，以一场浩大的审判，以法律正义的名义判处自己死刑，把自己生命的余烬，凝成一个死亡之谜，给后人留下了一道人文学科的"哥德巴赫猜想"。苏格拉底好像在为自己申辩，可是他又有意在死亡之中觅求真理，他的死仿佛是道德与法律的合谋。

要研究苏格拉底的哲学信仰并不是一件简单的事：由于他完全没有留下半点自己的著作，我们只能从柏拉图和色诺芬的记载中加以探索，然而他们两人的记载又往往是互相矛盾的，因此对于何者的记载更接近真相一直是争论的话题。有些人认为苏格拉底其实没有任何特定的信仰，而是只会加以盘问每种信仰。在《理想国》中他发表的冗长理论其实是柏拉图的想法。有些人认为他其实没有半点自己的信仰和理论，但对此又有许多争论，因为要从记载中区分柏拉图和苏格拉底两人的概念相当的困难，同时要解释他们的概念又更为困难。也因此，要从柏拉图和色诺芬等人的记载中寻找苏格拉底的理念并不简单——必须留意这些理念很可能不是苏格拉底本人所提出的，而可能更接近于这些记载者自己的看法。

在苏格拉底以前，希腊的哲学主要研究宇宙的本源是什么，世界是由什么构成的等问题，后人称之为"自然哲学"。苏格拉底认为再研究这些问题对拯救国家没有什么现实意义。出于对国家和人民命运的关心，他转而研究人类本身，即研究人类的伦理问题，如什么是正义，什么是非正义；什么是勇敢，什么是怯懦；什么是诚实，什么是虚伪；什么是智慧，知识是怎样得来的；什么是国家，具有什么品质的人才能治理好国家，治国人才应该如何培养，等等。后人称苏格拉底的哲学为"伦理哲学"。他为哲学研究开创了一个新的领域，使哲学"从天上回到了人间"，在哲学史上具有伟大的意义。

柏拉图思想

柏拉图（约公元前 427—前 347 年），是苏格拉底的学生，古希腊伟大的哲学家，也是整个西方最伟大的哲学家和思想家之一。

柏拉图原名亚里斯托勒斯，因为自幼身体强壮，胸宽肩阔，体育老师就替他取了"柏拉图"一名。"柏拉图"在希腊语意为"宽阔"。后来，柏拉图的名字被沿用下来，流传至今。

柏拉图出身于雅典贵族，青年时师从苏格拉底。苏格拉底死后，他游历四方，曾到埃及、小亚细亚和意大利南部从事政治活动，试图实现他的贵族政治理想。公元前 387 年活动失败后逃回雅典，在一所称为阿加德米（Academy）的体育馆附近设立了一所学园，此后执教 40 年，直至逝世。他一生著述颇丰，其教学思想主要集中在《理想国》和《法律篇》中。

在哲学思想上，柏拉图继承了古希腊的思辨主义传统，提出了影响西方两千多年的"理念"论。柏拉图指出，"理念"是世界的本原，世界上的一切东西都是由"理念"引发的。什么是"理念"呢？我们不妨举一个例子。柏拉图说，"桌子"这个概念就是理念。现实中，我们之所以把所有的木制的、有四个腿和一个面的东西称为桌子，是因为它们"分有"了"桌子"的"理念"。但现实中的桌子都是不完美的，因为它们只是"分有"了"桌子"这个"理念"的一部分，而不是占有了全部。就这样，柏拉图在现实的"现象世界"之外，又制造出了一个"理念世界"。这个理念的世界是真实的存在，永恒不变，而人类感官所接触到的这个现实的世界——现象世界，只不过是理念世界的微弱的影子，只不过因时空等因素而表现出暂时变动等特征。由此出发，柏拉图提出了一种理念论和回忆说的认识论，并将它作为其教学理论的哲学基础。

柏拉图的哲学对后世影响很大。怀特海就曾经直言不讳地说："整部西方哲学史不过是柏拉图主义的注脚。"

"柏拉图式的爱情"，是今天最时髦的一个词语。由于柏拉图的"理念论"在肉体和灵魂、现象和本质、感观和思维之间设置了一个泾渭分明的界限，并旗帜鲜明地指出：只有当心灵摒绝肉体而向往着真理的时候，思想才是最好的。而当灵魂被肉体的罪恶感染时，人们追求真理的愿望就不会得到满足。于是，引申到爱情，"柏拉图式的爱情"自然就成了精神恋爱的代名词。这种爱认为肉体的结合是不纯洁的是肮脏的，认为爱情和情欲是互相对立的两种状态，因此，当一个人确实在爱着的时候，他完全不可能想到要在肉体上同他所爱的对象结合。

其实这是一个天大的误解。柏拉图的确谈过恋爱，也经历过爱情，可是和今天我们所迷信的"柏拉图式爱情"不同，柏拉图的爱情是一种同性之间的恋爱，也就是我们今天所说的同性恋。同性恋在古希腊时是非常盛行的。古希腊人认为，同性恋的过程更多的是灵交、神交，而非形交。在女性很少受教育的古希腊社会，男人很难从女人中找到精神对手，这就是柏拉图偏重男性之间的爱情的原因。柏拉图坚信"真正"的爱情是一种持之以恒的情感，而唯有时间才是爱情的试金石，唯有超凡脱俗的爱，才能经得起时间的考验。

柏拉图讲过一个寓言，说在很早的时候，人都是双性人，身体像一只圆球，一半是男、一半是女，后来被从中间劈开了，所以每个人都竭力要找回自己的另一半。

这个寓言深刻地告诉我们：从本原上说，两性特质并存于每个人身上，因此，一个人越是蕴含异性特质，在人性上就越丰富和完整。过于刚猛，或者过于柔顺，也许都不能说明人的丰富本质。在一定意义上，最优秀的男女都是雌雄同体的，既赋有本性别的鲜明特征，又巧妙地融进了另一性别的优点，大自然仿佛要通过他们来显示自己的最高目的——阴与阳的统一。

个人是如此，社会也是如此。如果承认阴阳平衡乃是宇宙万物发展的规律，而母系社会、父系社会又完全符合阴阳两端的属性，那么父系社会发展到极致，则一定要向"阴"的一面转化。当今社会真可谓"阳"到家了，用海德格尔的话来说，科学技术打造了一个如此光亮的世界，以至于让人无法睁开眼睛。当"刺眼的阳光"让我们的心灵没有藏身之地的时候，便出现了后现代思潮、环保思想等一系列反现代的东西。

柏拉图哲学的核心概念是"理念"，他的哲学亦因此而被称为"理念论"。

所谓"理念"，柏拉图使用的是 idea 和 eidos（多数时候用的是前者），它们均出自动词 idein（看），本义指"看见的东西"即形状，而柏拉图用这个词来表示"灵魂所见的东西"。

"理念"显然是从苏格拉底的"定义"中来的。它的基本规定之一就是"由一种特殊性质所表明的类"。不过，"理念"并非单纯的抽象概念，而是超越个别事物并且作为其存在之根据的实在。我们看到的每一个具体的桌子，都是因为分有了"桌子"的理念才称其为桌子的。一类事物有一个理念，感觉到的事物是多而理念是一，它作为其自身是永恒不变的自我完善的整体。理念是绝对的自身存在而不可能变为他物。个别事物始终处在生灭变化之中，它们是个别、相对和偶然的，它们都是理念的派生物。

至于"理念"是如何派生可感事物的，柏拉图谈到了两种方式：一是"分有"。具体事物之所以存在，是因为它们分有了同名的理念。比如，现实中各种各样的桌子都是分有了共同的"桌子"的理念才成为现实存在的。二是"模仿"。造物主是根据理念来创造具体事物的，所以事物因模仿理念而存在。正如柏拉图所说："木工是根据理念来制造我们所使用的床和桌子的，按床的理念制造床，按桌子的理念制造桌子。其他事物亦同样。"就此而论，有三种桌子存在，即作为理念的桌子自身，因模仿理念而存在的可感的桌子，以及因模仿可感的桌子而存在的画家所描绘的桌子。

亚里士多德

亚里士多德（公元前384—前322年），古希腊斯塔基拉人，世界古代史上最伟大的哲学家、科学家和教育家之一。他是柏拉图的学生，亚历山大的老师。公元前366年亚里士多德被送到雅典的柏拉图学园学习，此后20年间亚里士多德一直住在学园，直至老师柏拉图去世。柏拉图去世后，由于学园的新首脑比较赞同柏拉图哲学中的数学倾向，令亚里士多德无法忍受，他便离开雅典。

关于亚里士多德和柏拉图师生之间的关系，有一句出自亚里士多德之口的名言："吾爱吾师，但更爱真理。"柏拉图认为理念是现实的可感事物的依据，它们仅仅是分有或者模仿理念的结果。亚里士多德则抛弃了柏拉图的观点，认为我们所处的可感世界就是一个真实的世界，它由质料和形式两部分组成。质料是事物组成的材料，形式则是每一件事物的个别特征。比如，这里有一只鼓翅乱飞的鸡，这只鸡的"形式"就是它会鼓翅，会咕咕叫，会下蛋，等等。当这只鸡死了，"形式"也就不再存在了，唯一剩下的就是鸡的"质料"。在这里，"质料"虽然是前提，却是不可缺少的载体。"形式"虽然是"鸡"成为"鸡"的内在原因，但如果没有"质料"，也无法成为一只现实的"鸡"。

柏拉图断言感觉不可能是真实知识的源泉。亚里士多德却认为知识起源于感觉。这些思想已经包含了一些唯物主义的因素。亚里士多德和柏拉图一样，认为理性方案和目的是一切自然过程的指导原理。可是亚里士多德对因果性的看法比柏拉图的更为丰富，因为他接受了一些古希腊时期对这个问题的看法。他指出，因主要有四种，第一种是质料因，即形成物体的主要物质。第二种是形式因，即主要物质被赋予的设计图案和形状。第三种是动力因，即为实现这类设计而提供的机构和作用。第四种是目的因，即设计物体所要达到的目的。举个例子来说，制陶者的陶土为陶器提供其质料因，而陶器的设计样式则是它的形式因，制陶者的轮子和双手是动力因，而陶器的用途是目的因。亚里士多德本人看中的是物体的形式因和目的因，他相信形式因蕴藏在一切自然物体和作用之内。开始这些形式因是潜伏着的，但是物体或者生物一旦有了发展，这些形式因就显露出来了。最后，物体或者生物达到完成阶段，其制成品就被用来实现原来设计的目的，即为目的因服务。他还认为，在具体事物中，没有无质料的形式，也没有无形式的质料，质料与形式的结合过程，就是潜能转化为现实的运动。这一理论表现出自发的辩证法的思想。

亚里士多德在哲学上最大的贡献在于创立了形式逻辑这一重要分支学科。逻辑思维是亚里士多德在众多领域建树卓越的支柱，这种思维方式自始至终贯穿于他的研究、统计和思考之中。当然，他也犯错误，但次数很少。

亚里士多德不仅在哲学上造诣很深，还精通天文学、动物学、胚胎学、地理学、地质学、物理学、解剖学、生理学，总之，涉及古希腊人已知的各个学科。亚里士多德对世界的贡献令人震惊，他一共撰写了170多部著作，被誉为"百科全书式的哲学家"。

西 塞 罗

西塞罗（公元前106—前43年），是罗马元老院的贵族，雄辩家，罗马斯多亚派的领军人物。公元前88年，他与一个叫迪奥多徒的著名斯多亚派哲学家相交，熟知斯多亚派的理论。但在公元前78年，他去雅典听了学园派领袖安提奥克的讲演后，自称为学园派的信徒。西塞罗对斯多亚派的一大贡献在于以同情和理解的态度记载了斯多亚派的观点，把斯多亚派反对者的驳论和斯多亚派的辩解都加以公正的叙述。

作为雄辩家的西塞罗，开创了盛极一时的罗马雄辩之风。西塞罗推崇雄辩的理由与斯多亚派有密切关系。斯多亚派重视个人的社会责任，西塞罗也认为哲学家应该把国家的公共事业置于个人思辨之上。雄辩术正是影响和说服公众履行社会责任的必要工具。再者，斯多亚派认为语言是"内在逻格斯"的外在化，语言的意义在于模仿自然声音，语言表达的理性和世界的理性具有同一"音调"。如此看来，雄辩的气势不正是理性的表达吗？没有这种力量，演说的低级技巧就像没有出鞘的剑一样无用。西塞罗开创的雄辩之风直接影响了当时的社会政治生活，对于以逻辑思辨传统为主流的西方哲学而言，也是一剂不可多得的泻药。

毕达哥拉斯学派

毕达哥拉斯不仅终生研究数学，还创立了一个研究数学的学派。这个学派就是西方哲学史上著名的毕达哥拉斯学派。这个学派不仅是学术团体，还是一个有着神秘主义倾向的宗教团体。加入这个团体的人，不仅要掌握有关数学、音乐等方面的知识，还要遵守很多在今天我们匪夷所思的禁忌和规定。比如：禁食豆子；东西落下了，不要捡起来；不要去碰白公鸡；不要劈开面包；不要迈过门闩；不要用铁拨火；不要吃整个的面包；不要戴花环；不要坐在斗上；不要吃心；不要在大路上行走；房里不许有燕子……

毕达哥拉斯建立的这个团体，不分男女都可以参加；财产是公有的，而且有一种共同的生活方式，甚至科学和数学的发现也被认为是集体的，而且，在一种神秘的意义上，都得归功于毕达哥拉斯，甚至在他死后也还是如此。据说，梅达彭提翁的希巴索斯曾违反了这条规矩，便因船只失事而死，这是神对于他的不虔诚而震怒的结果。

这个学派在宗教信仰上相信灵魂转世和轮回。一个人要想加入该学派，就必须接受一段时期的考验，经过挑选后才被允许去听坐在帘子后面的毕达哥拉斯的讲授。若干年后，当他们的灵魂因为受音乐的不断熏陶和经历贞洁的生活而变得更加纯净时，才允许见到毕达哥拉斯本人。他们认为，经过纯化并进入和谐及数的神秘境界，可以使灵魂趋近神圣而从轮回转生中得到解脱。

伊壁鸠鲁学派

伊壁鸠鲁学派是伊壁鸠鲁于公元前 307 年开始在雅典建立的一个学派。这个学派在伊壁鸠鲁去世之前一直在雅典活动。传说中该学派居于他的住房和庭院内，与外部世界完全隔绝，因此被人称为"花园哲学家"。据说在庭院的入口处有一块告示牌写着："陌生人，你将在此过着舒适的生活。在这里享乐乃是至善之事。"

伊壁鸠鲁死后，他的学说被历代弟子奉为必须遵守的信条。伊壁鸠鲁的学说广泛传播于希腊罗马世界。伊壁鸠鲁学派作为最有影响的学派之一延续了四个世纪。罗马时期伊壁鸠鲁学派的著名代表有菲拉德谟和卢克莱修。卢克莱修写的哲学长诗《物性论》，系统地宣传和保存了伊壁鸠鲁的学说。3世纪以后，伊壁鸠鲁的学说成了基督教的劲敌。在中世纪，伊壁鸠鲁成了不信上帝、不信天命、不信灵魂不死的同义语。文艺复兴时期，由于卢克莱修《物性论》的发现和出版，扩大了伊壁鸠鲁学说对早期启蒙思想家的影响。17世纪P. 伽森狄全面恢复了伊壁鸠鲁学说，它直接影响了17、18世纪英、法唯物主义哲学和自然科学。伊壁鸠鲁的社会契约说是近代社会契约论的直接先驱，他的伦理思想对英国J. 边沁、J. S. 密尔等的功利主义产生了影响。

马可·奥勒留

马可·奥勒留是罗马帝国最伟大的皇帝之一。他不但是一个很有智慧的君主，同时也是一个很有造诣的哲学家，有以希腊文写成的著作《沉思录》传世。在整个西方文明之中，奥勒留也算是一个少见的贤君。更值得一提的是，虽然他向往和平，却具有非凡的军事领导才干，一生戎马，因此被称为"骑在马背上的哲学家"。

从《沉思录》的字里行间，我们很难找到奥勒留对其"帝王身份"的认同感。因为作为哲学家，他始终是以"人"的身份来思考人生，并对自己的生活和人类的生活始终保持一种间离的心态，或者是一种谦逊而又极为冷峻的超拔的静观，以至于其帝王身份倒像是个"业余的兼职"。这对一个身居皇位的人来说是极为难得的。英国哲学家罗素认为，身为帝王的奥勒留感到自己公共职责的负担沉重，并且还为一种极大的厌倦所苦恼着。这应该说是相当准确的判断。作为西方历史上最著名的，也许是唯一的一位"哲学家帝王"，身处乱世和颓势中又同时兼有双重身份的奥勒留，不能不在一种"分裂的状态"中生活。尽管他总是摆脱不了想退隐到一个宁静的乡村度过余生的愿望，但直到死，他也未能如愿。

第八章

中世纪的经院哲学

经院哲学是与宗教神学相结合的唯心主义哲学，属于欧洲中世纪特有的哲学形态，是天主教教会用来训练神职人员，在其所设经院中教授的理论，故名经院哲学。由于采用烦琐的抽象推理的方法，所以也叫烦琐哲学。

经院哲学

"经院哲学"的英文是"scholasticism"或者"scholastic philosophy",原意为"学院中人的思想",又译作"士林哲学"。当它被翻译成"经院哲学"时,其特殊含义是,在公教会或天主教学校里传授的,以神学为背景的哲学。经院哲学有两个基本特征:一是它以经院(即教会或修道院办的学校)为生存环境,二是它以"辩证法"(即亚里士多德所说的论辩推理)为操作原则。

经院哲学并不研究自然界和现实生活中的事物,它的主要任务是对天主教教义、教条进行论证,以神灵、天使和天国中的事物为对象。当然,在神学允许的范围内也讨论了一些哲学问题,其中最突出的是关于一般和个别的关系问题,对这一问题的不同回答,形成了激烈斗争的两派,即唯名论和唯实论。中世纪是哲学变为神学的婢女的蒙难期,经院哲学是理性思维产生的怪胎,但其内部唯名论与唯实论之争仍显现着人类的哲学思维在向前迈进。

共 相

共相是欧洲中世纪经院哲学的术语,意即普遍、一般。

关于共相是否真实存在的争论，在中世纪经院哲学中分为唯名论与实在论两个对立的派别。就思想渊源来说，共相问题的争论早在古希腊哲学中就已经开始，在中世纪哲学中，它不仅涉及事物的本质和概念的性质问题，而且直接关系到基督教圣餐"实体转化"和"三位一体"等信条，所以才显得尤为突出和尖锐。在近代哲学中也有不同形式和性质的讨论。

3世纪时，腓尼基的学者波菲利对共相提出三个问题："种"和"属"是独立存在的，抑或只存在于理智中？如果它们真实存在，则是有形体的，还是无形体的？它们是与感性事物分离的，还是存在于感性事物中与感性事物相一致的？这几个问题直接导致了中世纪的唯名论和实在论之争。实在论者如安瑟尔谟和托马斯·阿奎那等断言，共相是真实存在的。安瑟尔谟是极端的实在论者，断言共相先于事物，在事物之外独立存在。托马斯为温和的实在论者，断言共相既存在于事物中，又存在于理智中。它作为神创造事物的原型，存在于神的理智中，它作为神所创造的事物的本质或形式，存在于事物中。它作为人对事物的抽象的概念，则后于事物而存在于人的理智中。近代一些哲学流派虽然没有把共相同神直接联系起来讨论，但也很重视共相问题。唯理论者认为普遍概念是天赋的。他们所谓的普遍概念是脱离个别的抽象共相。经验论者则在不同程度上都否认共相的客观实在性。

唯 名 论

中世纪经院哲学围绕个别与共相的关系之争，形成了两个对立派别。以罗瑟林、培根、司各特、奥康的威廉为代表的唯名论者，反对共相具有客观实在性，主张唯有个别事物才具有客观实在性，认为共相后于事物，共相只是个别事物的"名称"或人们语言中的"声息"。这种论断被称为极端的唯名论。以阿贝拉尔为代表的唯名论者，除了否认共相的客观实在性和主张唯有个别事物具有客观实在性之外，又认为共相表现个别事物的相似性和共同性，因而共相只存在于人们的思想之中。这种论点称为概念论，属于温和的唯名论。

实 在 论

以香浦的威廉和安瑟尔谟为代表的极端的实在论者，断言共相具有客观实在性，共相是独立于个别事物的第一实体，共相是个别事物的本质或原始形式。个别事物只是共相这第一实体派生出来的个别情况和偶然现象，所以共相先于事物。以托马斯·阿奎那为代表的温和的实在论者也断言共相是独立存在的精神实体，但又强调共相这一客观实在，既独立存在于事物之前，又存在于事物之中和事物之后。即共相这个概念作为神创造个别事物的原型理念或原始形式，存在于被创造物之前，也就是说，存在于神的理智之中。共相作为神创造的个别事物的本质或形式，则存在于事物之中。共相作为人对个别事物的抽象归纳的概念，它在事物之后，也就是说存在于人们的理智之中。

教父哲学

教父哲学约发端于2世纪，终结于6世纪。根据教父们活动的区域和使用的语言，后人把他们分为"希腊教父"和"拉丁教父"。在时间上，希腊教父早于拉丁教父。在理论上，以查士丁、塔提安、伊里奈乌等人为代表的早期希腊教父比较注重理性，注重形而上学，主要致力于上帝的"三位一体"、上帝与世界的关系等学说的建设。这种倾向被后来的亚历山大里亚基督教学派继承，形成了一个以柏拉图主义为依托的较为系统的宗教哲学理论。而以德尔图良为代表的早期拉丁教父则比较注重信仰和伦理，注重道德实践。325年召开的尼西亚宗教会议，统一了基督教信条，结束了各个教派激烈竞争的局面，所谓的正统派占据了统治地位。于是，基督教自身的建设工作加紧进行。在此期间，出现了著名的"罗马教会三大博士"，即安布洛斯、杰罗姆和奥古斯丁。但安布洛斯更多的是一个教会活动家，杰罗姆的功绩主要在于把圣经从希腊文翻译成拉丁文，真正代表这一时期基督教神学理论的则是奥古斯丁的哲学思想。奥古斯丁成功地运用柏拉图哲学，建立了一套完整的宗教哲学，把教父哲学推向顶峰。

新托马斯主义

"新托马斯主义"是20世纪天主教的神学思潮，以复兴中世纪基督教思想为宗旨，又称新经院主义神学。它起源于1879年教皇利奥十三世发表"复兴托马斯黄金般的智慧"通谕，主要目标是构筑一种新的经院学术综合体系，并使之与现代科学步调一致。

新托马斯主义者认为，作为一种教义载体，托马斯主义的真理是永恒的，独立于时间的流变之外；另外，作为这种教义在人类历史过程中的表述，托马斯主义又需要适应不断变化的条件。因此新托马斯主义的任务就是将托马斯主义的遗产，如四因学说、关于上帝存在的各种证明、类比理论、关于哲学与神学关系的理论等，用新的方法使之适用于新的时代。在现代基督教思潮的各种流派中，只有新托马斯主义得到了教廷当局的支持，大量天主教大学成了托马斯主义的研究中心，有几十家杂志专门研究经院神学与哲学。最主要的代表有法国哲学家兼神学家马里坦和日尔松，英国哲学家兼神学家科普尔斯顿、法雷尔和马斯科尔等。

德 尔 图 良

德尔图良（150—230），是基督教著名的神学家和哲学家，因理论贡献被誉为拉丁西宗教父和神学鼻祖之一。德尔图良所使用的神学方法，主要以写作思辨性的基督教神学与反对异端的著作为主。有人称他是"希腊最后一位护教士"，亦有人说他是"第一位拉丁教父"。

德尔图良对于三位一体与基督的神人二性这两个教义的阐明，为后来东方与西方两个教会的正统教义奠定了基础。因他首先发现理性有极限，人在冲破这个极限的时候，就应该有信仰做指南，发展人生的未来。他以为在人性的能力中，除了感观之外，还有理性，在理性之上，还有信仰，人的感观所不能达到的极限，由理性可以补足，在理性所不能达到的极限，便可由信仰补足。当他在世上的时候，那些新约书信的原本仍然存在，他称基督教的经典为《新约》。他的著作中曾引用《新约》1800多处，既有消极反对当时的异端的论述，又有"护教学"，积极地为教会的学说辩护，将自己的信仰用希腊哲学、罗马辩论的形式表现出来。

德尔图良是被誉为教父时期仅次于奥古斯丁的神学家，可说是北非神学派系的代表，也是第一位以拉丁文写作的重要作家，现存著作写于196—212年。他在基督教历史的长河中占有一席之地，以智慧、广博的学问、缜密的思想，借由文字、丰富情感、敏锐的观察力，来辩解、维护真理，使他所处时代的那段历史更加辉煌、精彩，也为正统神学确立了一块基石。

奥古斯丁

奥古斯丁（354—430），古罗马帝国时期基督教思想家、欧洲中世纪基督教神学、教父哲学的重要代表人物。在罗马天主教系统，他被封为圣人和圣师，并且是奥斯定会的发起人。对于新教教会，特别是加尔文主义，他的理论是宗教改革的救赎和恩典思想的源头。

奥古斯丁的著作是使希腊哲学的某些方面传入中世纪欧洲的一个因素。特别是新柏拉图主义对奥古斯丁思想的成熟有很大的影响，后来又通过奥古斯丁影响着中世纪的基督教哲学。我们至今还会饶有兴致地注意到，笛卡儿提出过著名的论断"我思故我在"，奥古斯丁也提出过隐含这一论断的思想，当然二者的说法各异。

奥古斯丁是黑暗时代之前的最后一位伟大的基督教神学家，从所有的主流方面来看，他的著作使基督教学说在整个中世纪基本上具有它所要保持的形式。他是一位杰出的拉丁教父，他的著作在牧师中拥有广泛的读者。他的有关拯救、性、原罪以及许多其他观点都产生过相应的影响。许多后来的天主教神学家如托马斯·阿奎那，以及新教徒领袖如马丁·路德和加尔文都受过他的强烈影响。

公元430年奥古斯丁在河马去世，终年76岁。当时，旺达尔人正在包围着河马市。几个月以后，他们攻克了该市，几乎把全城焚为灰烬，然而奥古斯丁图书馆和大教堂却安然无恙。

安瑟尔谟

安瑟尔谟（1033—1109），是欧洲中世纪经院哲学家、神学家，极端的实在论者，被称为"最后一名教父和第一个经院哲学家"。安瑟尔谟力图调和信仰与理性的矛盾，强调必须从信仰出发，运用"辩证的方法"，即形式逻辑，论证基督教正统教义。他同奥古斯丁一样主张"信仰而后理解"，探索真理首先必须以信仰为根据。同时他也提出：仅有信仰而不诉诸理性，则近于玩忽。他认为神是存在的。在《独白》中，他运用因果律，从事物有不同程度的完善推出必有一个最完善者，即神的存在。在《宣讲》中他提出哲学史上著名的"本体论论证"。他从神的概念直接推出神的存在，认为人们心中有一个神的观念，这个观念本身的意思是一个不可设想更大的最伟大者。但如果它仅仅存在于人们的思想中，则还可以设想一个更伟大者，而这是矛盾的。所以，神这个不可设想更大的最伟大者不仅存在于人们的思想中，也必存在于现实中。

上帝存在的"本体论证明"的过程是这样的：上帝是至善的、最伟大的东西，比他更伟大的东西是无法想象的。既然如此，这个在想象中无与伦比的最伟大的东西，就不能仅存在于人的心中，而必须在现实中也存在。因为在思想和现实中同时存在的东西肯定比仅在思想中存在的东西要伟大，这就否认了"上帝是最伟大的东西"这个前提。就这样，安瑟尔谟从神的概念直接推出神的存在。

这个论证遭到当时法国马尔穆节隐修院修士高尼罗的驳斥。高尼罗在他所著的《为愚人辩》中指出，存在于心中的未必存在于现实，安瑟尔谟所证明的最伟大的存在不过是"海上仙岛"。安瑟尔谟的本体论论证，后来得到笛卡儿、莱布尼茨、黑格尔等的肯定和修改，但被托马斯·阿奎那、洛克、康德等所摒弃。

安瑟尔谟在早期著作《论信仰》中曾力斥罗瑟林的唯名论，认为一般是独立于个别之外的客观实在，一般高于个别，而越是一般的东西就越有实在性。上帝是最一般的，因此最实在。安瑟尔谟根据这一哲学理论，提出教权高于王权的政治主张，为罗马教会对世界的统治进行辩护。

罗吉尔·培根

罗吉尔·培根（1214—1292），英国唯物主义思想家，伟大的科学家，近代实验科学的先驱。他的著作很多，著名的有《大著作》等。他在牛津大学曾读了许多希腊和阿拉伯的著作。在巴黎期间，他撰写和讲授对亚里士多德种种著作的分析，热情称赞和宣传亚里士多德等古代哲学家的思想，对经院哲学进行了尖锐的批判。他极力反对过分崇拜权威，并且把这与习惯、偏见、自负看作是获得真知的四个障碍。他本人虽是僧侣，但对僧侣阶级的腐朽、贪婪、奢侈和骄傲进行了猛烈的抨击。

1250年，罗吉尔·培根在牛津大学任教。由于他的许多著作中的科学思想不为教会所接受，并且冒犯了法西斯斯派领袖，曾被囚禁15年。可以说，罗吉尔·培根是一位不幸的天才，他的不幸在于他的超前思想，他比同时代人更早地认识到了实验和数学的重要性和科学应用的实用价值。在这方面，他比同时代的人走得都要远。他不只是以"证明科学"的体系和方法来介绍神学，而且要以实用科学的精神来全面改造经院哲学。他虽然使用奥古斯丁和亚里士多德的语言来表达这些思想，但仍不能被当时的神学家和当权者所理解。直到14世纪末，他才获得应有的声誉，15世纪时他的名字简直成了牛津大学的骄傲。人们都尊敬地称他为"悲惨博士"，以表示对他生前受到的不公正待遇的不满。在他曾居住过的牛津大学的圣芳派修道院里有一块压碑石，压碑石上的部分铭文是："罗吉尔·培根，伟大的哲学家……通过实验方法，他扩大了……科学王国的领域……在漫长的一生的孜孜不倦的活动后，在公元1292年，他安息了。"

邓·司各脱

邓·司各脱（约1265—1308），中世纪苏格兰经院哲学家，唯名论者，方济各会会士。曾在牛津大学学习，后在牛津大学和巴黎大学任教。他主张信仰和知识是两个不相联系的领域。神学有其自身的原则和最高的对象（上帝），它高于一切科学：但关于神的存在、三位一体、灵魂不死等，都是理性所不能证实的。哲学也有其自己的独立原则，它不从属于神学。邓·司各脱认为物质是独立的实在，是万物统一的基础，他在《论灵魂》中说："也许可以说，在灵魂中有物质。"马克思曾经深刻地指出，"邓·司各脱就曾经问过自己'物质能不能思维？'为了使这个奇迹能够实现，他求助于上帝的万能，即迫使神学本身来宣扬唯物主义。"

邓·司各脱是一个极端的唯名论者，他反对实在论，认为只有单个的物体是真实存在的，一般不能离开单个的物体而独立存在。强调知识从感觉产生，人的理智犹如一块"白板"，没有任何天赋的观念，这些观念曾对17世纪英国唯物主义者洛克等产生过影响。邓·司各脱提倡意志自由，认为以自由意志爱上帝和爱人是人的最大幸福。他的学说被称为司各脱主义，曾与托马斯主义长期对抗。

第九章
启蒙时期的欧洲哲学思想

启蒙运动是欧洲近代史上最重要的历史事件之一，是整个欧洲文明的重要转折点，对世界历史的发展产生了深远的影响。启蒙运动前后所产生的启蒙思想的精神实质是理性和自由，启蒙思想是对文艺复兴的继承和发扬，也对自然科学突破封建宗教神学束缚，逐步朝向世俗化、实用化的发展和进步起到了举足轻重的作用。

启 蒙 运 动

在法语中,"启蒙"的本意是指"光明"。当时先进的思想家认为,迄今为止,人们处于黑暗之中,应该用理性之光驱散黑暗,把人们引向光明。他们著书立说,激烈地批判专制主义和宗教愚昧,宣传自由、平等和民主。这就是"启蒙运动"。启蒙运动是发生在17、18世纪欧洲的一场反封建、反教会的思想文化领袖的革命运动,它为资产阶级革命做了思想准备和舆论宣传。

启蒙运动的中心在法国。法国启蒙运动的领袖则是伏尔泰。他的思想对18世纪的欧洲产生了巨大影响,所以,后来的人曾这样说:"18世纪是伏尔泰的世纪。"启蒙时代的学者亦不同于之前的文艺复兴时代的学者,他们不再以宗教辅助文学与艺术复兴,而是力图以经验加理性思考而使知识系统能独立于宗教的影响,作为建立道德、美学以及思想体系的方式。

启蒙运动的倡导者将自己视为大无畏的文化先锋,并且认为启蒙运动的目的是引导世界走出充满着传统教义、非理性、盲目信念以及专制的一个时期(这一时期通常被称为黑暗时期)。这个时代的文化批评家、宗教怀疑派、政治改革派皆是启蒙先锋,但他们只是松散、非正式、完全无组织的联合。

启蒙运动开创了一个光辉灿烂的新时代,使人们的思想开始从传统偏见、基督教会和专制政权的压迫下解放出来，在思想上为即将到来的资产阶级革命做了准备。这场运动中产生的各种哲学和政治理论，成为人类思想发展史上的一个重要环节，为近代资产阶级的学术理论奠定了基础。启蒙运动也促进了欧洲史学的发展，启蒙思想家在进行历史研究，从历史的角度来论证资产阶级代替封建阶级取得政权的必然性和进步性的过程中，为史学领域注入了一系列新观念，提出了一些新见解，丰富了欧洲史学理论的内容。

前 定 和 谐

"前定和谐"是德国近代哲学家莱布尼茨哲学的重要概念之一。莱布尼茨认为，万物由"单子"构成，而单子因其绝对单纯而无部分，没有"窗子"可供出入，因而彼此不能互相影响、互相作用，但宇宙万物却互相协调，构成一个和谐的总体。莱布尼茨认为，这是因为上帝在创造世界时就使每一单子具有这样的本性，在此后的全部发展中，每一个单子都各自遵循自身的规律发展变化，又自然地与其他一切单子的发展变化保持协调，犹如一个乐队的每一乐师各自演奏作曲家事先为之谱就的旋律，而全乐队就奏出和谐的交响曲。

莱布尼茨还用"前定和谐"来说明心身关系。他说，存在于人的身心好比两架制造得极精密的时钟，它们各自都在按照自己的套路工作，但彼此之间又自然地保持一致。他还以此作为论证万能上帝存在的论据之一。但他排斥上帝对世事的具体干预。他根据这一学说提出了"乐观主义",肯定"这个世界是一切可能的世界中最好的世界"。莱布尼茨有时自称其哲学体系为"前定和谐系统"。

自 然 权 利

"自然权利"是霍布斯提出的一个伦理政治概念。所谓的"自然权利",就是今天所谓的裸体权利。霍布斯从机械论观点出发,研究人的生理活动和心理活动,解释人的感情和欲望。他指出,人同自然的其他事物一样,是一个物体。当外界物体作用于人,有助于人的生命运动时,就会引起喜悦和快乐的感情;反之,当外界物体的作用有碍于人的生命运动时,就产生厌恶和痛苦的感情。前者被称为善,后者被称为恶。在他看来,人的本性就是自我保存,趋利避害,无休止地追求个人利益。他说:"在人的本性中,我们发现产生争执的三个主要原因——第一竞争,第二猜疑,第三荣誉。竞争使人求利,猜疑使人求安,荣誉使人求名。"

霍布斯认为,人们最初的生活状况是:每个人都按照自己的本性而生活。他称这种状态为自然状态。在这种状态中,每个人都要实现自己占有一切的"自然权利",从而导致"一切人反对一切人的战争"状态。在这里,不存在善良与邪恶,无所谓是非曲直,唯有力量与欺诈。在"自然状态"中,人人自危,工农业无人治理,科学文化更无人过问，一切都陷于混乱中。霍布斯认为，"自然状态"不仅是对于远古人类生活状态的一种设想，而且凡是没有国家权力或国家权力软弱无力的地方都可能出现这种状态。换句话说，所谓"自然状态"也就是无政府状态。

功利主义

功利主义是以功利作为道德标准的伦理学说，又称乐利主义。主要代表人物除了边沁以外，还有 J. S. 密尔。功利主义思想早已有之。古希腊哲学家伊壁鸠鲁就提出过人生的目的在于摆脱痛苦和寻求快乐，求乐避苦是人的本性，是人的最大利益。18 世纪法国启蒙思想家爱尔维修用求乐避苦的人性主张来反对封建束缚和禁欲主义，并从理论上对利益原则进行了探讨。后来，边沁接受了这些思想，创立了功利主义伦理学说。

密尔继承了他的观点并最早使用功利主义一词。功利主义继承发展了历史上幸福论和快乐主义的伦理传统，认为，幸福就是免除痛苦，求得快乐，而利益则是幸福和快乐的基础，个人幸福就是个人的利益，人的本性就是追求快乐和幸福，也就是追求个人的利益。因此，边沁提出，追求利益是道德的最高也是唯一的标准。功利主义以追求最大多数人的最大幸福为最高道德原则，提出为了增进个人的幸福和保障个人利益，也需要增进社会的幸福和利益。但功利主义把个人利益看成唯一现实的利益，而社会利益仅仅是个人利益的总和，所以，功利主义实质上是一种更为精致的利己主义伦理学说。

社会契约论

　　社会契约论是一种宣称国家和法律起源于社会契约的政治学说。它的两个基本功用是：解释国家的起源；规定政府和公民相互间的权利和义务。

　　社会契约的思想可以追溯到古希腊哲学，在中世纪也有表现。从文艺复兴以来，特别是在16和17世纪，随着欧洲各国新兴资产阶级反封建斗争的发展，自然法学派的一些早期思想家详尽论证了社会契约说。到17和18世纪，社会契约说经由霍布斯、洛克和卢梭发展为完整的理论。一般称他们为三大社会契约理论家。他们认为，随着社会生产技术的发展出现了私有制和不平等，人类脱离了自然状态而展开竞争与倾轧。人们为了维护各自的利益，就缔结契约，制定法律，把自己的一切交给集体，换取对个人权利的保障。这样就产生了国家，出现了集中权力的君主和平等享有权益的臣民，社会由此就走向了文明。

　　社会契约说是针对"君权神授说"提出来的，它主张"从理性和经验中而不是从神学中引申出国家的自然规律"。社会契约说一般是与"自然状态说"紧密相连的，由于"自然状态"中有种种不便，或由于人类天然的社会性必然导致组成社会和国家，人们通过订立契约建立了国家，规定了君主和臣民相互间的权利和义务。尽管各种社会契约说的方法一致，并一般都承认私有财产权、人身安全等，但结果差别很大：有人用它支持资产阶级的君主专制，有人用它为资产阶级君主立宪制辩护，还有人用它为资产阶级民主共和制提供理论根据。

天赋观念论

"天赋观念论"是西方近代唯理论者提出的一种学说，以笛卡儿为代表。笛卡儿提出数学作为科学的典范，要求一切科学知识都要做到像数学那样确切可靠。他指出一切知识都是由观念构成的，这些观念一共分为三类：第一类是通过感官从外界得来的，带着个别性和偶然性。第二类是人们由理性直观得到的，如数学的、形而上学的公理，清楚明白，无可怀疑，这是一切科学的基础。第三类是人们凭空虚构的，如飞马之类，没有客观有效性，当然不能成为科学。笛卡儿认为第二类观念是普遍必然的，不可能来自个别的、偶然的感性经验，只能是理性自身固有的"天赋观念"。

在笛卡儿之后，天赋观念说为唯理论者所继承，同时受到经验论者的反驳。斯宾诺莎在认识论上深受笛卡儿的影响，非常重视科学知识的普遍必然性，把理性认识放在首位，认为真理是自明的，理性直观的清楚明白的"真观念"，是一切科学的基础。这种真理自明论强调科学观念的直观性、内在性，与反映论相对立。经验论对天赋观念说提出了批判，认为人生下来的时候心灵里一无所有，好像一块干干净净的白板，并没有储存着任何天赋的痕迹，一切观念都是生后印到心灵上的。它说人们是通过感觉接受外界的描画，或者通过反省摄取心灵活动的情况，才形成各种观念的；感觉和反省都是经验，经验是人的知识的唯一来源。洛克的白板说断言人在认识时纯粹是被动的。莱布尼茨针对这一点提出反驳，指出认识主体并不是被动的，正好相反，是能动的。普遍必然的观念本来潜在于主体中，只是通过经验由潜意识的状态进入意识状态。

哲学之父笛卡儿

勒奈·笛卡儿（1596—1650），1596年3月31日生于法国都兰城，是一位伟大的哲学家、物理学家、数学家、生理学家。解析几何的创始人。在西方近代哲学史上，他率先提出了唯理论的原则，认为人的知识不是来源于感觉经验，而是来源于理性，理性的演绎法是唯一的正确方法。他主张用理性来审查一切，提出了"普遍怀疑"的口号。他从怀疑一切事物的存在出发，扫除自己的成见，寻求一个最可靠的命题作为起点，然后进行推论。他发现一个最可靠的事实是：他自己在怀疑。因此，心的存在是无可置疑的，而身的存在则须推论出来。他所说的"我思故我在"成为哲学史上的一句名言。在认识论上，笛卡儿认为人的知识不是来源于感觉经验，而是来源于理性。知识和能力是先天具有的，因此，他主张天赋观念论。

笛卡儿是欧洲近代哲学的奠基人之一，黑格尔称他为"现代哲学之父"。他自成体系，熔唯物主义与唯心主义于一炉，在哲学史上产生了深远的影响。同时，他又是一位勇于探索的科学家，他所建立的解析几何在数学史上具有划时代的意义。笛卡儿堪称17世纪的欧洲哲学界和科学界最有影响的巨匠之一，被誉为"近代科学的始祖"。

笛卡儿关于身心关系的学说是和他的实体学说相关联的。笛卡儿认为："所谓实体，我们只能看作是能自己存在而其存在并不需要别的事物的一种事物。"笛卡儿把实体分为绝对实体与相对实体，前者是自因的存在，即自己是自己存在的原因，这种绝对实体就是上帝；后者是只依靠上帝而不依靠其他事物就能存在的东西，这种相对实体有两个，即物质实体和精神实体。物质实体的唯一本质属性是广延，即占有空间，它遵循自然规律而运动；精神实体的唯一本质属性是思维，它根据自由意志而活动。物质无思维，精神无广延，这两个实体是彼此独立、互不干涉的，它们构成了两个相互平行的世界。

笛卡儿的这种观点在理论上面临着一个巨大的困难，那就是人的身心关系问题。笛卡儿试图通过对人的生理和心理的研究，以说明身心之间的交感。在笛卡儿看来，人不同于动物，他有理性或灵魂，因此人是物质实体和精神实体的联合体。笛卡儿相信，在人身上的某个部位，有一个类似于舵台的交换站，它负责把身体的信息传递给心灵，再把心灵的消息传递给实体。而这个身心交感点就是松果腺。当感官受外物刺激时，生精把这种刺激信号输送到松果腺，作用于栖息在松果腺中的心灵，使之产生关于外物的观念。反过来，当心灵产生了某种活动的观念时，它就在松果腺中把这种观念传达给神精，再由后者通过神经和血管传递到肌肉，使肌肉发生收缩和舒张，从而引起身体的运动。这并没有使其心物二元论问题得到真正解决，因为心灵既然是一个没有广延的、无形的精神实体，它就不能够通过物质实体"松果腺"与身体发生作用。

笛卡儿是方法论的疯狂推崇者。这从他的"普遍怀疑论"里就可以看出来。在普遍怀疑论里，笛卡儿把普遍怀疑当成是怀疑的起点和方法论的开端。实际上也正如笛卡儿论述的那样，我们不管是学习还是搞研究，甚至是日常生活中的每一件小事，都需要方法论。从某种意义上讲，方法论是判断人类、人类社会进步的一个最基本的标准。

在笛卡儿看来，从本质上讲，所有人都是平等的。笛卡儿在这里所说的平等是从人类本性的角度来说的。例如笛卡儿说："良知是世界上分配得最公平的东西，因为每个人都拥有足够的良知，就连那些在别的任何事情上最难满意的人，也不能希望获得比现有的更多的良知。"在这里，笛卡儿所说的良知就是我们通常所理解的智慧、天性。从天性的角度来看，我们都是人类之种群的，我们天生遗传了人类应该拥有的所有天性。从智慧的角度来看，笛卡儿认为，我们任何人从一生下来就获得了我们应该有的，足够帮助我们生活在这个世界上的智慧。更具体一点讲，这里的良知可以理解为——"辨别真伪的天性"。意思是说，我们每一个人，都拥有一样多的同质智慧和作为人应有的天性，都拥有一样多的同质的辨别真伪的天性——良知。即使是那些对自己的很多地方都不满意的人,他也拥有像那些对自己任何地方都满意的人一样多的"良知"。例如,有的人认为自己五官长得不够美,有的人天生就是残疾——但是不管他们的身体有什么缺憾,他们的天性,他们所拥有的"良知"却像所有人拥有的一样。也就是说,人,至少在拥有天性或者辨别真伪的能力上,天生就是平等的。用笛卡儿的话说:"因为理智和良知是唯一使我们人之所以为人并与动物有区别的东西,我相信它是完整地存在于个人身上的。"

英国哲学家培根

弗兰西斯·培根(1561—1626),是英国哲学家、思想家、作家和科学家。他竭力倡导"读史使人明智,读诗使人灵秀,数学使人精密,哲理使人深刻,伦理学使人有修养,逻辑修辞之学使人善辩"。他推崇科学、发展科学的进步思想和崇尚知识的进步口号,一直推动着社会的进步。这位一生追求真理的思想家,被马克思称为"英国唯物主义和整个现代实验科学的真正始祖"。他在逻辑学、美学、教育学方面也提出许多思想。著有《新工具》、《论说随笔文集》等。后者收入58篇随笔,从各个角度论述广泛的人生问题,精妙、有哲理,拥有很多读者。

培根著有《学术的进展》(1605)和《新工具》(1620)等。培根尖锐地批判了中世纪经院哲学,认为经院哲学和神学严重地阻碍了科学的进步,主张要全面改造人类的知识,使整个学术文化从经院哲学中解放出来，实现伟大的复兴。他认为，科学必须追求自然界事物的原因和规律。要达到这个目的，就必须以感官经验为依据。他提出了唯物主义经验论的原则，认为知识和观念起源于感性世界，感觉经验是一切知识的源泉。要获得自然的科学知识，就必须把认识建筑在感觉经验的基础上。他还提出了经验归纳法，主张以实验和观察材料为基础，经过分析、比较、选择、排除，最后得出正确的结论。

培根是近代认识论哲学中经验论的鼻祖。因此，他的经验论思想颇能代表当时经验论的一半思潮。培根认为，一切科学知识都来自对客观自然界的认识。他说："人是自然的仆役和解释者"，"认识就是存在的映象"。这就是说，要控制自然，就要服从自然、认识自然。

自然是认识对象，而感觉则是一切知识的源泉。他认为，认识必须从感觉开始，除此没有任何其他渠道可以给我们提供实事材料，他说："一切自然的知识都应求助于感觉。"但是，感性认识必须同理性配合，才能得到真知。他提出，要在感性认识和理性认识之间建立"真正的合法婚姻"，即把通过感性获得的材料，用理性方法去"整理和消化"，才能得到真正的概念和公理。他提出了"蚂蚁"、"蜘蛛"和"蜜蜂"的著名比喻，认为经验主义者如同蚂蚁，只会将材料收集起来，却不会消化。理性主义者像蜘蛛，只能由自身的理智，编织知识之网。真正的哲学工作者应该像蜜蜂，既从花园和田野里采集花粉，又用自己的力量改变和消化这些材料，酿成蜂蜜。这种比喻既反对忽视理性的狭隘的经验主义，也反对轻视经验的理性主义，认为二者应结合起来。

作为近代哲学的代言人，培根对所谓黑暗时代的经院哲学展开了无情的批判。培根指出，经院哲学的典籍尽管浩如烟海，但实质上没有什么新内容。它所承袭的古希腊人的智慧，从价值和用途方面看，只不过像知识的童年，具有儿童的特性：它能够谈论，但不能生育，因为它充满着争辩，却没有实效。

培根指出：首先，经院哲学脱离实际，脱离自然，隔绝了人和自然的关系。经院哲学从根本上惧怕对自然的研究，怕这种研究会动摇或推翻宗教的权威。经院哲学家尽量把神学归结为严整的条理体系，使亚里士多德的哲学和宗教体系结合起来，用哲学为宗教作论证，使人们的眼光离开自然，放弃对自然的研究。

其次，经院哲学崇拜权威，迷信教条。培根认为经院哲学家不仅把自己的身体关闭在寺院中，而且把自己的智慧完全锁闭在几个作家的洞穴内。特别是把亚里士多德奉若神明，将其著作捧为金科玉律。人们只能熟读死记，诠释领会，不能批判，这就禁锢了人们聪明才智的发挥，压抑了人们理智的开启。

最后，经院哲学方法是烦琐主义、形式主义的。经院哲学在探究任何一种事理时，只抓住一些细枝末节的东西，再虚拟一些论辩的理由，相互争吵，根本不考虑论证的真凭实据。他们论证的内容是现成的即《圣经》，论证的原则和方法，只要不违反三段式规则，就能站住脚，而根本不考虑是否符合实际。

培根对经院哲学的揭露和批判，不仅是无畏的，而且是切中要害的，真正抓住经院哲学脱离实际、空谈玄理、死啃教条、烦琐思辨的要害，给神学唯心主义以沉重打击。

洛克的哲学思想

约翰·洛克（1632—1704），是英国哲学家、经验主义的开创人，同时也是第一个全面阐述宪政民主思想的人，在哲学以及政治领域都有重要影响。在哲学思想上，洛克认为人类所有的思想和观念都来自或反映了人类的感官经验。他抛弃了笛卡儿等人的天赋观念说，而认为人的心灵开始时就像一张白纸，而向它提供精神内容的是经验（即他所谓的观念）。观念分为两种：感觉的观念和反思的观念。感觉来源于感官感受外部世界，而反思则来自于心灵观察本身。与理性主义者不同的是，洛克强调这两种观念是知识的唯一来源。洛克还将观念划分为简单观念和复杂观念，不过并没有提供合适的区分标准。我们唯一能感知的是简单观念，而我们自己能够将许多简单观念形成一个复杂观念。

洛克还主张感官的性质可分为"主性质"和"次性质"。洛克相信世界是由物质构成的，物质的主性质包括了形状、运动或静止、数目等和物质不可分离的那些性质，而次性质则包括了颜色、声音、气味等其他各种性质。洛克认为主性质就在物体里，次性质只在知觉者中。在这个问题上洛克是追随笛卡儿的二元论学说的，同意有些性质是可以用人的理智来了解的。

洛克的哲学思想虽然并没有一贯性，英国哲学家罗素曾经批评他的哲学是"以零碎的方式处理哲学问题"，且有很多漏洞，恩格斯也说：洛克的哲学是"1688年阶级妥协的产儿"，不过，洛克的哲学却对后来的哲学家产生很大的影响。洛克开创的经验主义被后来的贝克莱以及休谟等人继续发展，成为欧洲的两大主流哲学思想。

洛克从经验论的立场出发，批判了以笛卡儿为代表的唯理论者的"天赋观念"论。

洛克认为，根本不存在天赋观念，人们是凭后天的认识能力获得全部知识的。他驳斥了唯理论者"天赋观念"的两大依据：一是批判所谓"大家普遍同意"的上帝观念、数学公理、逻辑规律和道德原则的论据。洛克断言这些方面的知识都是后天获得的，而且都不是大家普遍同意的。"大家普遍同意"的论据是荒谬的。比如，逻辑中的"同一律"、"矛盾律"以及数学中的公理、定理等。这些观念，新生婴儿和白痴是全然不知的。不仅"思辨原则"不是普遍同意的，而且"实践原则"也是如此。因为在不同的时代、不同的民族、不同的地区，人们的道德规范和宗教信条是不同的，甚至相反。退一步说，纵然某一观念是人类普遍同意的，也不能证明它是天赋的。二是批判所谓人们"通过理性发现这些原则"的论据。洛克指出，如果是运用理性获得原则，恰好证明了这些原则不是天赋的，因为观念在理性认识之前不存在于心灵中，而是在理性认识之后，才在心灵中形成起来，这怎么是天赋的呢？天赋的还需要理性证明才能认识吗？这不是自相矛盾吗？如果说人的心灵具有天赋观念而不理解它，这是很荒诞的。因为我们说心灵具有某些观念，就是说它们为心灵所理解，或说这个观念"在理解中"。如果说在理解中的观念而不理解，这无疑是说这个观念既在理解中又不在理解中，因而是自相矛盾的。

而且，"天赋观念"论的本身具有极大的危害性。它使人们放弃理性和判断，变成思想懒汉，不去努力追求真理，助长了他们的门徒对权威的盲目崇拜，盲目服从，听天由命，堵塞了认识真理之路。

在解释认识如何导源于经验时，洛克提出了著名的"双重经验"学说。

洛克认为，认识导源于经验，具体地说，就是导源于"感觉"与"反省"。感觉是观念的外在来源，它是通过外物的刺激而产生观念的过程；反省是观念的内在来源，心灵不但消极地接受外物的刺激，它本身就是"内部感官"，有对刺激进行反作用的主动性。心灵通过感觉而对取得的观念进行反思，从而得到新观念；它还会对自身的活动进行反思，得到另外一些观念，这些观念多与情感有关。洛克说，感觉和反省不是相互独立的活动，它们可以共同起作用，因此，有些观念同时有两个来源。

感觉是在外界事物的刺激下而发生的活动，反省则是心灵自发的活动。洛克看到感觉可以用物质的机械作用来解释，但还有一些观念，在外部世界找不到原型。比如，"高兴"、"希望"等不是事物的性质，而是人的主观反应的产物。洛克又认识到，心灵活动不可能是物质的产物。因此，有必要设定一个主动的精神实体——心灵的存在，它的活动产生和感觉不同的新的观念。洛克说，心灵的活动与外物一起构成思想和知识的原因，"这两种东西，既作为感觉对象的外界的物质的东西,又作为反省对象的我们自己心灵的内部活动,在我看来乃是产生我们全部观念的仅有的来源"。这就是说,承认心灵是一种独立的精神实体,与外物毫无关系。于是,后来的莱布尼茨抓住这一点反驳他说:"既然如此,还能否认我们心灵中有许多天赋的东西吗?"

洛克把认识对象的物体的性质区分为两种:第一性质和第二性质。所以,这种观点也叫作"两种性质"学说。

在洛克看来,第一性质就是指物体的体积大小、形象、数目、位置、运动和静止等性质。其特征就是不论物体处于何种情况下,它们都是绝对不可能同物体分开的。一粒麦子,将其分之又分,仍然具有广袤、形象、可动性等性质。洛克认为第一性质是客观存在的,是物体最根本的、最原始的性质。关于物体的第二性质,洛克说它是对象本身的"一种能力,可以借物体的第一性质,亦即借物体的各个可见的部分的大小、形状、组织、运动等在我们的心中产生不同的感觉,例如颜色、声音、滋味等"。这种性质也称为可感觉的性质。

洛克认为,同事物的性质相对应,在人的心灵中也存在着两种观念,即第一性质的观念和第二性质的观念。前者是物体的第一性质在我们心中产生的体积、广延、形象、运动或静止、数目等简单观念,后者是物体的第二性质在我们心中产生的颜色、声音、气味、滋味等简单观念。这两种观念都是借助同样的方式和途径从物体的性质得来的,都是物体作用于感官引起的。但它们同物体性质的关系是不同的。在洛克看来,第一性质的观念是和第一性质的原型相似的,是第一性质的肖像和反映。第二性质的观念在物体中只有借助于第一性质而产生的与它们"相对应"、"相契合"的能力，而没有与它相似的原型。究其原因，洛克认为，第二性质观念的出现，同主体的状况有很大的关系。如同一堆火，人们离得较远，心中会产生一种温暖的感觉；如果离近了，就会产生一种痛苦的感觉，这种感觉观念在现实事物中没有与之相应的原型。

像霍布斯一样，洛克也用自然状态、自然法、社会契约等观念来说明国家的起源，但在内容上，两人又有很大不同。洛克认为，在国家产生之前，人们处于自然状态中。但这种状态不像霍布斯所说的互相残杀、一切人对一切人的战争状态，而是一种和平、自由状态。人人平等地享有"自然权利"。在这种自然状态里，自然法起着支配作用。但这种自然状态是不能长期存在下去的。主要是由于缺乏明确的公认的法律，缺乏公共的裁判者和执行判决的机构。这样有些人就会出于偏私或无知，侵犯别人的权利，导致冲突发生，甚至战争。这种恐惧和危险使人们愿意放弃自然状态，同别人联合起来进入社会状态。如何脱离自然状态进入社会状态呢？洛克认为其唯一途径就是同其他人订立契约，达成协议，联合为一个共同体，各自放弃他们单独行使的惩罚权力，交由被指定的人行使或按照一致同意的规定来行使。人们自愿放弃一些权利是为了更好地保护自身的安全、财产和自由，把判定是非的权力、担当保护的职责交给国家或一个公共立法机构。这样，国家就产生了。

洛克的社会契约论与霍布斯的观点有许多区别：第一，在权利交付问题上。霍布斯认为，订约时，人们把一切权利都交出去了；而洛克则认为，人们在成立政府，放弃自然权利时，只交出一部分权利，还保留着生命财产和自由等不可转让的权利。第二，缔约问题。霍布斯认为统治者不是缔约的一方，而是被授予权力的人，不存在违约问题，人们不能以此为理由来解除对他的服从；而洛克则认为，统治者是参加订立契约的一方，是从订约的人们当中推选出来的，因此要遵守契约。统治者不能履行契约，不能保障大家的权益时，人们有权反对他，甚至推翻他，另立新的统治者。霍布斯通过社会契约论，论证了君主专制的必要性；而洛克的社会契约论则导致民主政治的结论，但都是为当时现实服务的。

"三权分立说"是洛克国家政府学说的一个重要组成部分。洛克认为，要真正保护人民的生命、自由和财产必须实行法治，实行分权。为此他提出了"三权分立"说，成为近代政治思想史上分权学说的主要代表人物。

"三权"即国家的立法权、行政权（执行权）、外交权（联邦权）。"分立"即上述三权必须分开，由不同的人掌握。立法权地位最高，执行权和外交权是从属于它的。洛克根据立法权的归属区分三种政体形式，即民主制、寡头制和君主制。他反对君主专制政体，对其他两种也不满意。主张一种复合的政体形式。在这种政体形式下，立法权归议会掌握，行政权和外交权交给君主，这种实行分权原则的国家制度就是洛克推崇的英国的君主立宪制度。洛克的分权思想既体现英国资产阶级限制、削弱王权，使其成为"虚设"的要求，又表现了英国资产阶级保留王权，同封建势力妥协的软弱性，从而为英国君主立宪政体提供了理论论证。

洛克的"三权分立说"，推进了 17 世纪欧洲，尤其是英国革命时期的新兴资产阶级政治思想的发展，创立了第一个具有代表性的资产阶级社会国家学说体系。他提出了"天赋人权"、"理性"、"自由"、"分权"等基本原则，使他成为西方"自由主义之父"，近代欧洲启蒙思想的伟大先驱，对西方的资产阶级革命和资本主义制度建立都产生过重大的影响。

荷兰哲学家斯宾诺莎

巴鲁赫·斯宾诺莎（1632—1677），荷兰哲学家，后改名为贝内迪特·斯宾诺莎。他是西方近代哲学史上重要的理性主义者，与笛卡儿和莱布尼茨齐名。他出生于阿姆斯特丹的一个从西班牙逃往荷兰的犹太商人家庭。他的父母以经营进出口贸易为生，生活颇为宽裕，斯宾诺莎也因此得以进入当地的犹太神学校，学习希伯来文、犹太法典以及中世纪的犹太哲学等。他也接受了拉丁语的训练，而正是凭借着拉丁语，斯宾诺莎得以接触笛卡儿等人的著作，他也由此渐渐脱离所谓正统的学说范围。1656年因反对犹太教教义而被开除教籍。他最后搬出犹太人居住区，以磨镜片为生，同时进行哲学思考。1670年移居海牙，斯宾诺莎此后一直过着隐居的生活。1673年有人提供给他海德堡大学哲学系的教职，条件是不可提及宗教，不过斯宾诺莎婉拒。他在45岁时就去世了。

在哲学上，斯宾诺莎是一名一元论者或泛神论者。他认为宇宙间只有一种实体，即作为整体的宇宙本身，而上帝和宇宙就是一回事。他的这个结论是基于一组定义和公理，通过逻辑推理得来的。斯宾诺莎的上帝不仅包括了物质世界，还包括了精神世界。他认为人的智慧是上帝智慧的组成部分。斯宾诺莎还认为上帝是每件事的"内在因"，上帝通过自然法则来主宰世界，所以物质世界中发生的每一件事都有其必然性；世界上只有上帝是拥有完全自由的，而人虽可以试图去除外在的束缚，却永远无法获得自由意志。如果我们能够将事情看作必然的，那么我们就愈容易与上帝合为一体。因此，斯宾诺莎提出我们应该"在永恒的相下"看事情。

斯宾诺莎在实体、属性和样式的学说中，论述了他在宇宙本体问题上的唯物主义观点。他把实体定义为"存在于自身内并通过自身而被认识的东西"，它按照自己本性的必然性而行动，因而是自由的。实体是唯一的、绝对无限的，对它不能有任何限制，因为限制就是否定。斯宾诺莎把实体称为神。但他所说的神不是宗教所信奉的神。他把神等同于自然，是一位泛神论者。但他所说的作为实体的自然，也不直接就是人们通常所感知的五光十色的自然界。他认为，作为实体的自然是不可分的、不变化的，只是人的理智的对象。他把自然区分为"被自然产生的自然"和"产生自然的自然"。只把后者称为神。斯宾诺莎认为实体有无限多的属性。他把属性理解为由知性看来是构成实体的本质的东西，认为在无限多的属性中，人们只知道两个，即思维和广延，二者是同一的。但他又认为，一个属性不能产生另一个属性，每一个属性必须通过自身来认识。实体和属性要通过具体事物来表现。斯宾诺莎把具体事物称为样式。他把样式定义为：

实体的特殊状态，即在别的事物内并通过别的事物而被认识的东西。样式有两样：无限样式和有限样式。他认为，每一个有形体的事物的观念就是它的灵魂，因此一切个体事物都是有生命的。这是斯宾诺莎的物活论思想倾向。斯宾诺莎哲学中含有较丰富的辩证法思想。他关于"实体即是自因"的基本原理，要求从自然界事物自身的相互作用中去说明自然界，反对孤立地观察事物，反对在自然界之外去寻求原因。

斯宾诺莎关于身心关系的探讨也是和他的实体论紧密关联的。在斯宾诺莎眼里，虽然实体只有一个（神或自然），但是由于这个实体具有思维和广延这两种彼此独立的属性，因此当同一实体具体化为样式时，就呈现为两个相互平行的系列，即观念的系列和事物的系列，这两个系列各自遵行自己的次序，但是这两种次序却是完全同一的。斯宾诺莎说："观念的次序和联系与事物的次序和联系是相同的。""当事物被认作思想的样式时，我们必须单用思想这一属性来解释整个自然界的次序和因果联系；当事物被认作广延的样式时，则整个自然界的次序必须单用广延这一属性来解释。"也就是说，自然万物都以一种"一体两面"的形式存在，一方面表现为具有广延的形体，遵循机械因果律，另一方面则表现为可以被思想的观念，遵守逻辑形式规律，这两个方面是完全一致的。由于事物的系列和观念都在神或自然之内彼此平行而又相互同一地存在着，因此，我们关于自然及其样式的知识就不是通过对事物本身的感觉经验，而是通过对观念系统的理性推理而获得的。斯宾诺莎坚决反对用身体感受来说明心灵的观念，或者用主观意志来说明身体的运动，在他看来，身体和心灵既是彼此独立的，又是先定的协调一致的。

启蒙运动领袖伏尔泰

伏尔泰（1694—1778），是 18 世纪法国资产阶级启蒙运动的领袖，杰出的政治家、哲学家和文学家。一生经历曲折，早年学习法学，1717 年年仅 23 岁的伏尔泰因抨击朝政和教会，被投进巴士底狱囚禁一年，8 年后因与贵族发生冲突再次入狱，出狱后被迫流亡英国。在流亡的 3 年中，他热心研究英国的政治制度，宣传自由思想，写出了哲学和政治学专著《哲学通信》。该书出版后，触动了宗教权威，伏尔泰不得不于 1734 年隐居在夏德莱夫人的城堡，达 15 年之久。

此后，伏尔泰更加热情地投入到反封建活动中，同当时的"百科全书派"学者保持频繁联系，积极为"百科全书"撰稿。很快，伏尔泰成为闻名欧洲的思想泰斗。晚年定居在法瑞边境的菲尔奈，从事写作并继续进行政治斗争，使菲尔奈成为欧洲启蒙思想的中心。由于他声名显赫，在其逝世后，法国封建教会怀着愤怒和恐惧的心理，不准他在巴黎下葬，直到 1791 年法国资产阶级革命期间，他的遗体才得以从香槟省迁回，葬入法国巴黎名人公墓。伏尔泰的主要哲学著作有：《哲学通信》、《形而上学论》、《牛顿哲学原理》、《哲学辞典》。

孟德斯鸠与三权分立学说

孟德斯鸠（1689—1755），是法国启蒙运动的开创者之一，资产阶级法学理论的主要奠基人。他生于法国南部波尔多市一个富有的贵族法官家庭，1716年继承伯父孟德斯鸠的男爵封号，并获得了波尔多法院院长职位。他一面担任公职，一面利用一切业余时间进行科学研究。他的兴趣非常广泛，研究过物理学、植物学、解剖学，特别是哲学、历史学、法学、文学和伦理学。10年后辞去公职，游历欧洲各国，考察各国的经济、政治制度和风土人情，体察新的时代精神和资产阶级的要求。1728年他被推选为法国科学院院士。

此后，他再次出国考察，特别是对英国的连续三年的考察，使他较快地形成了比较成熟的政治理论思想体系，奠定了他的思想的基础。1731年后，他定居波尔多庄园，潜心从事科学研究和著述，完成了《罗马盛衰原因论》和《论法的精神》两部重要著作。《论法的精神》被伏尔泰称为"理性和自由的法典"，成为当时最进步、影响最大的哲学和社会政治理论著作。1755年病逝于巴黎。孟德斯鸠的主要著作有：《波斯人信札》、《罗马盛衰原因论》、《论法的精神》等。

孟德斯鸠对国家的政治制度作了比较考察。他是从自由概念出发来探讨这个问题的。孟德斯鸠认为，"自由就是做一切法律许可的事的权利。"在他看来，自由这个概念不能滥用，不能把自由理解为一个人想干什么就可以干什么，自由必须受法律约束，也受法律保护。公民只有严格遵守法律，才能获得自由。

在什么样的政治制度下才能实现这种自由呢？孟德斯鸠认为，只有通过君主立宪制，实行三权分立，才可以使人民的自由得到保障。他将国家政体分为三种，即共和政体、君主政体和专制政体。"共和政体是全体人民或仅仅一部分人民掌握最高权力的政体，君主政体是由单独一个人执政，不过遵照固定和确定了的法律，专制政体是既无法律又无规章，由单独一个人按照一己的意志与反复无常的性情领导一切。"共和政体的原则是品德，君主政体的原则是荣誉，而专制政体的原则是恐怖。孟德斯鸠赞扬共和政体，但他认为在这种政体下，同一个机关，既是法律的执行者，又享有立法的全部权力，一切权力合而为一，这就有可能使这个机关成为"蹂躏全国"的工具，因为一切有权力的人都容易滥用权力。从事物的本性来说，要防止滥用权力，必须以权力约束权力，但共和政体还缺少这方面的功能，因此共和政体不是理想的政体。在他看来，英国的君主立宪制才是最合法的、最合适的政体，因为它实行三权分立的制度，使权力相互制约，防止了暴君和专制的可能，使人民的自由得到了保证。

卢梭的批判

让-雅克·卢梭（1712—1778），是18世纪法国资产阶级启蒙运动的卓越政治家、思想家、哲学家，法国资产阶级革命的理论先驱。他出生于日内瓦一个钟表匠家庭，由于父母早逝，少年时代的卢梭就只身闯入社会，先后做过仆役、音乐教师和家庭教师。1742年去巴黎，他结识了著名启蒙学者伏尔泰、孟德斯鸠和哲学家狄德罗、霍尔巴赫等人，并积极为狄德罗主编的《百科全书》撰稿。从此卢梭开始了学者和思想家的生涯，开始发表著作展开对专制制度和封建主义的批判。

卢梭的批判引起了统治者和神学家的恐惧和愤怒，他们开始联手迫害卢梭。1762年6月，巴黎高等法院和教会下令把《社会契约论》和《爱弥尔》列为禁书，并把作者逐出日内瓦。法国政府也公布了逮捕令。卢梭不得不辗转于日内瓦、伯尔尼以及普鲁士、英国等地。1770年卢梭重回巴黎，但坎坷的生活已使他贫病交加。1778年因脑病逝世，他的主要著作有：《论科学与艺术》、《论人类不平等的起源和基础》、《社会契约论》、《爱弥尔》等。

人类不平等的起源及其发展，是卢梭学说的中心内容。他不满足于对封建社会腐朽没落现象的简单抨击，而要从社会贫富对立这个事实出发，揭示社会不平等的根源，把握社会矛盾发展的内在逻辑。卢梭和当时许多思想家一样，设定在人类进入社会状态之前，曾有过一个自然状态阶段。这时人类游荡于森林中，过着自由自在的简朴、孤独的生活。没有农业、语言、住所，人们之间也没有战争。此时人们的本性是淳朴的，没有"我的"、"你的"观念，没有道德观念，只有天赋的两种情感即自爱性和怜悯心调节着人们之间的关系，使人们不会相互损害。卢梭把这一时代看作人类的黄金时代。

那么，人类怎样从自然状态过渡到社会状态，从平等状态过渡到不平等状态的呢？卢梭认为，社会不平等是生产技术的发展和私有制的产生所导致的结果，私有制是社会罪恶的根源。卢梭还考察了人类社会不平等的发展历程，认为人类社会的不平等经历了三个阶段：第一阶段是随着私有制的产生，出现了贫富之间的对立。第二阶段，由于强弱的对立，出现了政府和官吏，导致了政治上的不平等。第三个阶段是专制政治阶段，形成了主人与奴隶的对立。卢梭指出，君主专制是不平等的顶点，这是一个封闭圆圈的终极点，它和我们所由之出发的起点相遇。在这里一切个人之所以是平等的，正是因为他们都等于零。臣民除了暴君的意志以外没有别的法律，君主除了自己的欲望以外，没有别的规则。这种极度的不平等必将迫使人民起来推翻这种制度，从而走向新的平等。历史的逻辑就是物极必反。

卢梭认为，人生来就是自由的，但进入社会状态后，却无不在枷锁中。怎样才能使人从这种枷锁中挣脱出来，恢复和保持人原来的自由呢？卢梭认为，关键是要订立契约。但和霍布斯与洛克不同，卢梭意义上的契约并不是个人与个人缔结的，也不是人民与君主缔结的，而是人民自由意志的产物，契约所产生的国家是人民共同意志的体现。所以卢梭又把由契约产生的国家称为"道德与集体的共同体"或"公共的大我"、"公共人格"，认为人民同国家的关系是人民同代表自己利益的"公共的大我"的关系。

为了协调"公共人格"和个人私利的关系，卢梭提出了"公意"的概念。他认为，个人私利由于它的"偏私"性质，不可能永远与公意一致，为了维护社会的联系与存在，只有"公意"才是"指导国家"的根据。"公意"与众意、集团意志也有区别，"公意"是全体人民的共同利益；而"众意只是个别意志的总和"；集团意志对它的成员来说才是公意，而对国家来说则是个别意志。因此他一再强调，国家主权与公意是不可分割的，主权"不外是公意的运用"，公意是主权的依据，任何立法必须以公意为依归。以此为基础，卢梭认为，"公意"的运用就是主权，因此主权属于人民。而人民的主权是通过人民的立法行为实现的，立法权是国家中唯一具有普遍性的权力。法律也必须体现"公意"，任何人都不能置身于法律之外。

霍尔巴赫

霍尔巴赫（1723—1789），生于德国巴伐利亚的一个信奉罗马天主教的商人家庭，幼年丧母。1735年他受伯父的邀请，随父亲移居法国。霍尔巴赫先在巴黎求学，后来到荷兰莱顿大学学习自然科学，毕业后回巴黎，1749年取得法国籍。1753年，伯父逝世，他继承其财产和男爵称号，称为保尔昂利梯也利·霍尔巴赫男爵。霍尔巴赫与狄德罗等进步思想家交往甚密。他积极支持狄德罗的《百科全书》编辑工作。他在物理学、化学、地质学、矿物学和冶金学方面为《百科全书》写了约400个条目。当时，一些进步思想家经常在他家里举行聚会，他的家成了当时进步思想家交流思想、讨论问题、传播消息、私传禁书的地方。他经常以巧妙的合法形式掩护反对封建专制和教会的活动。他是柏林科学院、巴黎科学院和俄国科学院的院士。其主要哲学著作有：《揭穿了的基督教》、《神圣的瘟疫》、《自然的体系》、《健全的思想》、《社会体系》等。

霍尔巴赫是18世纪法国最激进、最彻底的唯物主义者和无神论者，他继承了17世纪以来的机械唯物主义和唯物主义经验论，尤其深受拉美特利、爱尔维修和狄德罗的唯物主义思想的影响，力图将唯物主义的现有成果系统化，确立起唯物主义的思想体系。霍尔巴赫在唯物主义理论体系的建设方面做出了伟大的贡献，他的无神论思想和反封建、反神学的彻底性在当时震撼了整个欧洲。但是与他的同时代人一样，霍尔巴赫亦未能逃脱机械唯物主义的窠臼，最终走向了决定论和宿命论。